中国式接话智慧

接话的艺术，关乎你在圈子里的影响力

老 付 ◎ 著

北京日报出版社

图书在版编目（CIP）数据

中国式接话智慧 / 老付著. -- 北京：北京日报出版社, 2025.3. -- ISBN 978-7-5477-5169-5

Ⅰ．C912.13-49

中国国家版本馆 CIP 数据核字第 20259MB058 号

中国式接话智慧

出版发行：	北京日报出版社
地　　址：	北京市东城区东单三条 8-16 号东方广场东配楼四层
邮　　编：	100005
电　　话：	发行部：（010）65255876
	总编室：（010）65252135
印　　刷：	三河市双升印务有限公司
经　　销：	各地新华书店
版　　次：	2025 年 3 月第 1 版
	2025 年 3 月第 1 次印刷
开　　本：	710 毫米 ×1000 毫米　　1/16
印　　张：	11
字　　数：	138 千字
定　　价：	48.00 元

版权所有，侵权必究，未经许可，不得转载

前言

你有没有想过，一天之中，除了睡觉，绝大部分时间你可能都是在职场中度过的。你和同事在一起的时间，甚至超过了陪伴家人的时间。

然而，职场比家庭复杂得多，不仅要面对繁重的工作，还要小心翼翼地处理各种人际关系。有些人进入职场，如同鱼儿入了水，游刃有余、逍遥自在；而有些人辛辛苦苦十几年，却一直没有升职加薪，最惨的是中年危机时还要面临被裁员。

那么，同样身处职场，做着一样的工作，为什么人与人之间会产生如此巨大的差距呢？

原因之一在于人们不同的沟通策略。

沟通，顾名思义，就是通过各种各样的方式，与领导、同事之间做到信息共享，更重要的是引起情感上的共鸣。这样，无论多复杂的人际关系，你处理起来都会引起游刃有余。

本书以老付几十年的职场经验为 X 轴，以职场中最常见的八种情况为 Y 轴，以真实职场中遇到的难题为 Z 轴，三维立体地解读了职场沟通智慧。

第一章围绕"如何与领导沟通"这一核心，分别从如何洞悉领导意图，如何影响领导的决断，如何防止领导插手自己的工作等方面详细阐述了与领导沟通的技巧。

第二章则继续深入讨论和领导的相处哲学。比如，新领导来了如何相处，有问题如何请示领导，对领导有意见该不该说，等等。想必这些也是让你经常感到头痛的问题吧？

第三章则从与同事相处的方式或方法入手。同事是和自己的利益密切相关的人，什么时候要拉近距离，什么时候要保持距离，该不该借钱给同事……看似简单的问题，一旦处理不好，可能就会在职场中遭受意外的打击。

第四章讲的内容，很多人都经历过，哪怕你是公司的领导恐怕也不曾幸免。这一章专门讨论进入新职场会遇到的问题，如上班第一天如何破冰，遇到困难如何求助，该怎么称呼老员工，等等。仔细看看吧，你一定会有所感悟。

第五章讲在具体工作中可能会遇到的问题。比如，如何做好本职工作，犯了错该怎么和领导说，同事让你帮忙怎么办等。学会这类沟通技巧，就可以轻松应对这些难题。

第六章的内容对经常和客户打交道的人来说是很重要的。这一章主要介绍如何招待客户，如何应对酒局，如何让宴会不冷场等。学会了这些技巧，你就能轻松应对客户。

第七章可以让你在公共场合发挥自如，利用语言的魅力去吸引他人。是的，本章主要介绍职场中的说话艺术，如怎么在大会上发言才精彩，领导的弦外之音该如何解读等。学会这类语言的艺术，你就能够轻松应对。

最后一章是对前七章的总结，从面试到升迁，事无巨细地展示了职场中的沟通技巧。

读完这本书，你会发现这不仅仅是一本中国式沟通智慧书，更是一本总结全面、剖析深刻的生活智慧宝典，掌握了它，能使你的人际关系更加和谐融洽。

目录

第1章 一眼看穿领导的内心

如何听懂领导的潜台词? 002

如何让领导按照你的想法做事? 005

领导交代的事情办砸了,该怎样弥补? 009

如何妥善应对领导的越级指挥? 012

领导嘴上说"你办事,我放心"是真的信任你吗? 015

第2章 教你"伴君"不再如伴虎

新领导来了,你要注意三个"不要" 020

如何快速获得新领导的认可? 024

请示领导也要有逻辑性 028

既要服从上级的指令,也要有自己的底线 031

怎样做到给领导提意见,不伤感情还讨喜? 034

领导给你画的饼,你是该吃,还是该砸? 037

第3章 和同事要"卧底式"交往

最好的同事关系是和所有人保持同等距离　　042

和女同事相处的最佳方式是什么？　　045

如何对付爱打小报告的人？　　047

不要和有利益冲突的同事做朋友　　050

不怕"神"一样的对手，就怕"猪"一样的队友　　054

第4章 职场新人离不开六大铁律

第一天上班，怎样给同事留下好印象？　　060

向老员工请教有哪些小技巧？　　062

刚进公司就发现很多问题，要不要说出来？　　066

有些事为什么老员工可以做，新员工却不可以做？　　069

既要埋头干活，也要抬头看路　　073

千万不要加入公司内部的"小圈子"　　077

第5章 处理工作，要开启"八核大脑"

抓住工作重点，别"捏包子褶"　　082

工作中遇到麻烦，怎么跟领导说？　　085

遇到事，不要总想着推脱　　089

分外工作可以接，但要有选择　　092

如何控制自己不发脾气？　　096

第6章 高情商应对职场交际

同事之间有事相求需要预约吗? 　　　　　102
为什么说保持微笑比语言表达更重要? 　　107
陪同领导宴请客户,怎样做才能不掉价? 　110
参加饭局,不会喝酒如何高情商应对? 　　114
请客户吃饭如何做到不冷场? 　　　　　　118

第7章 语言艺术为职场赋能

怎样汇报工作,才能让领导满意? 　　　　124
年终总结需要注意什么? 　　　　　　　　128
如何听出对方的弦外之音? 　　　　　　　133
不用说话的沟通是最高级的沟通 　　　　　137
在领导面前到底该不该说真话? 　　　　　141

第8章 职场晋升五步法

为什么说细节决定成败? 　　　　　　　　146
如何才能争取到最适合自己的工作岗位? 　149
你的形象就是你的筹码 　　　　　　　　　152
怎样提高自己的"眼力见儿"? 　　　　　 155
有些规则不必坚持,该变通时就变通 　　　160

第 1 章
一眼看穿领导的内心

领导的心思有时候是难猜的。但只要掌握了技巧，你的眼睛就会秒变 CT，领导的心思在你面前也就无所遁形了。

如何听懂领导的潜台词?

在职场上有时候会遇到这样的领导,他们说话不说完整,说到一半就停了。要想搞清楚领导这半句话表达的意思,就要凭借你的悟性了。

在职场中和领导沟通时,很多人都会遇到这种情况:领导说话不说完整,或者说到一半就不说了。这时,大多数人难免心情忐忑,于是开始胡乱猜测领导的意图。

这也无可厚非,毕竟和领导沟通时,大部分人都是小心谨慎的,唯恐出现纰漏。不过,当遇到上面的情况时,该如何猜测领导的意图,并有效且正确地和领导沟通呢?

要有眼力见儿,别打断领导思路

有的领导不善表达,他想说一件事,说到一半不知道该如何往下说了,思路就卡在那里了。这时，你千万不要催促他。催促会导致他原本的思路被打断，也容易招来厌烦甚至批评，给领导留下不好的印象。"挨顿批"是小事，影响职业生涯就不值了。

领导故意说一半时，要揣摩领导的意图

有时，领导故意把话说一半，看你能否领会他的工作意图，其实是想考察你的悟性。如果你悟性高，那领导就会大力培养你。

> **案例模拟**
>
> 这个月销售业绩不太好，领导发现了一个不错的大客户，但这个客户名声在外，与他谈生意非常困难，于是领导找到了你。

领导的心思，你多猜猜

领导的话只说一半，也有可能是他的想法不方便摆到明面上说，所以需要你自己去领悟，然后主动去做。

> **案例模拟**
>
> 你和领导出差后，有一笔报销费用对不上。这时，领导若对你说："哎呀，其实找一张别的发票顶一下，也不是不行，但是这么做又不符合财务制度，这个事挺麻烦，要不然……？"
>
> 领导故意把话说一半不说了。接下来，你应该怎么办呢？有人可能觉得这是个很好的讨好领导的机会，便铤而走险，违规操作，但其实并不可取。

这种处理方法貌似聪明，其实弊大于利。

> 虽然在当时领导可能觉得你处事圆滑，但如果将来上级机关查账，发现某张报销发票对不上，比如明明是去四川出差，发票却是山东的，上级机关询问领导，会给领导带来麻烦。同时，就算财务报销单顺利通过了审查，领导可能也会琢磨，你以前是否经常做这种不合规的报销呢？所以你要想清楚再接话。

在职场中，领导说半句话，有很多种含义。你若对此理解不到位的话，可能会影响工作。你一旦遇到这种情况，思维要灵活，认真分析之后再作答。

一眼看穿领导的内心 第1章

如何让领导按照你的想法做事？

在职场中，你是否觉得上司的思路显然不如你，但你必须违心地服从他？那么有没有可能让上司按照你的思路来行事呢？这就需要运用智慧去解决了。

作为下级，服从上司的指令、适应上司的工作思路和方式，这属于职场规则。但有时候，你的想法可能和上司不一致，却必须违心地服从上司，这可能让你愤愤不平，甚至觉得只有辞职换个公司和上司才能解决问题。

坚持下级适应上级的理念

在职场中，下级和上级之间发生意见分歧，首先要具有下级服从上级的基本理念。

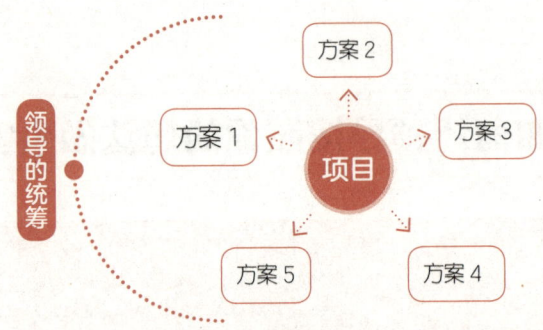

一个单位或一个团队,应该有一个最终拍板的人。如果人人都坚持自己的意见,互不相让,最终什么事情也做不成。

努力说服上司认同你的观点

在最后方案确定之前,你可以想方设法去说服上司,包括说明你的观点,拿出你的方案,讲清你方案的优势等,争取得到上司的理解和赞同。

上司也并非天生就是领导,他年轻时也做过基层员工,有过领导和员工两种角色体验。只要你的想法合理、可行,他也会认真倾听,集思广益。只有这样,一个公司才能更好地开展工作。

服从、适应上司,切莫"一辞了事"

如果你总觉得自己的想法比上司的好,但又必须服从上司,按照他的思路去做,那么你只有两个选择:一是违心地服从你的上司;二是辞职,找一个可以施展自己才华的新公司。

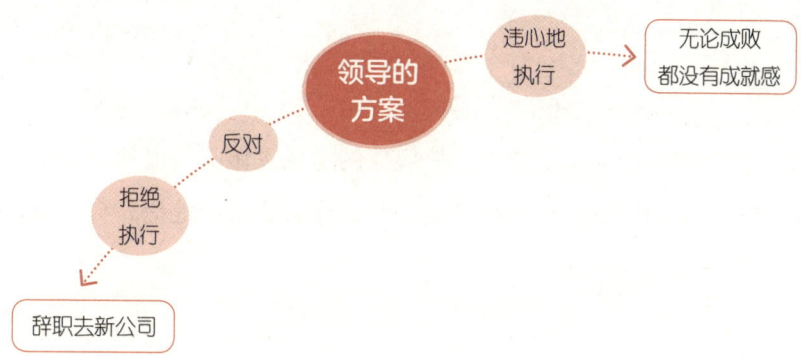

可是,辞职后来到新公司,也可能遇到这个问题,你必须适应一个新的"不如你的上司",怎么办?你还要不断地辞职吗?显然不可能,这会令你陷入一个恶性循环。

服从上司、适应上司,是一个员工需要接受的规则,辞职并不是解决问题的根本途径。

提高自己的能力,学会向上管理

在服从、适应上司的基础上,你还可以努力达到更高的层次,那就是慢慢地让上司适应你,按照你的思路作决策。

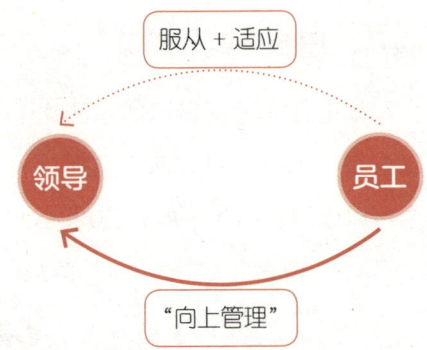

那么,该如何让上司适应你,按照你的意见去做呢?道理很简单,你的方案一定要比上司的好。而想做到这一点,你就要努力地提高自己的业务能力、表达能力和沟通能力。

在职场中,下级服从上级是基本原则。当然,下级自身要有过硬的业务能力,用成绩得到上级的理解和赞同。

领导交代的事情办砸了，该怎样弥补？

> 一时疏忽，产品出现质量缺陷？见客户迟到，项目洽谈失败？工作中总会犯这样或那样的错，遇到这种事一定要及时做出调整，积极补救，争取化被动为主动。

职场人士在工作中难免会出一些小差错，领导流露出不满，训斥几句，也是正常的。处理这类问题，要牢记以下两点。

端正看待事情的态度，及时消除抵触情绪

员工事情办砸后，被领导训斥几句，很多人就觉得领导故意为难自己。实际上，领导也许没有别的想法，只是单纯地指出你的错误。

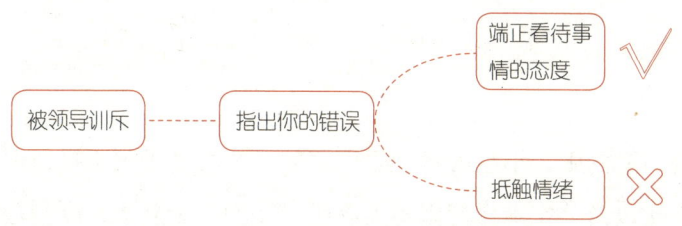

这时，如果员工没有摆正自己的位置，纠正自己看事情的不良态度，就会把事情弄得更糟糕。

案例模拟

有一天，新员工小赵找到我，一脸不高兴地向我发牢骚。

原来刘总让他草拟了一份通知，其实内容挺简单的，他很快就写完了，请刘总签发。没想到刘总看过之后，大笔一挥，改了几个地方，让他重新写。他赶紧改好后，再给刘总看。刘总又改了几个地方，如此往复，一个不到二百字的通知，竟然让小赵改了四遍。

虽然通知通过了，但这件事却让小赵难过得晚饭都没吃。小赵心有不甘，他觉得自己好歹也是中文系毕业的高才生，写的稿子经常发表在大学校刊上，演讲稿还获过奖。然而，一个小小的通知，他改了四遍，领导竟然还不太满意。

在上面的案例中，小赵虽然是学中文的，文学底子很不错，但是他可能对公司的文化以及公文写作规则不太熟悉。作为一个新人，刚到公司，小赵当然要学习这些东西，适应新的环境和要求。

只有端正态度，及时发现自己的缺点，然后努力去弥补自己的不足，这样才能在以后的工作中扭转局面，化被动为主动。如果没有端正自己的态度，带着情绪去工作，往往会把事情办得一团糟。

摆正自己的位置，虚心求教

其实在职场中，每一个领导心里都清楚下属难免会犯错误。在领导心里，他不担心下属犯错误，而是担心下属再次犯同样的错误。

一眼看穿领导的内心 **第1章**

> **案例模拟**
>
> 在小赵的追问下,我给他分析了一下刘总的为人。我和刘总比较熟,他是新闻专业研究生毕业,发表过很多重要文章和论文,对文字要求比较苛刻。刘总有个特点,就是好为人师,特别喜欢给别人改稿子,给人家讲写作。
>
> 于是,我对小赵说:"你明天带着几份修改的原稿去找他,谦虚一点,请刘总给你分析一下,问题究竟出在哪里,再请他给你讲讲公文写作的注意事项。对于你这种谦虚的态度,他一定特别高兴,会耐心地跟你讲问题出在哪儿、应该怎么写、怎么改。你要认真听,并用小本子一条一条地都记下来。"
>
> 第二天,小赵果然去请教刘总了。

端正自己的态度,虚心向领导求教,不仅能化被动为主动,还有两个好处。

一是确确实实能够从领导那里学到处理工作的经验。
二是赢得领导好感,使领导认为你好学上进,对你的印象会逐渐变好。

在后来的工作中,小赵果然进步明显,逐渐得到了刘总的认可。

如此看来,职场人士工作上犯错不要怕,只要端正自己的态度,纠正错误,虚心求教,积极上进,就能改变不利局面。

如何妥善应对领导的越级指挥？

在职场中，一般的原则是领导指明工作方向，下级具体执行。然而有些领导喜欢越级插手具体事务，下级面对这种情况需要谨慎应对。

在职场上有很多事情，需要下级根据具体情况来落实工作内容，因为下级熟悉流程，经验更丰富，全权负责可以更得心应手。可有些领导偏偏喜欢越级过问一些琐事，还要做不大可行的指示，让下级很是为难。

面对领导越级插手下属的具体事务，可以用下面三招去应对。

第一招，装聋作哑

有时候部分领导就是"为了做指示而做指示"，看到什么事都要表个态，显示自己什么都懂，其实对于具体事情的来龙去脉并不清楚，往往是做几点指示后转身就走，不再过问，对于下属是否执行，他也不在意。

当领导不了解事情的来龙去脉时,对于他提出的建议,你可以不必理会。

第二招,据理力争

对于有些事,领导说过之后还盯着你落实,但是他的办法又确实不太可行。这时,你只能据理力争,为自己的方案做说明,想办法委婉拒绝他的插手。

在拒绝上司的方案时,措辞很重要,不宜直接表达领导"啥都不懂"。在肯定领导方案的同时,尽量从客户角度或者执行角度去婉拒。

假如你尽量说明后,领导依然坚持自己的方案,那也没关系,因为一旦有问题自然由他来负责任。

第三招，如果实践证明领导错了，及时予以纠正

案例模拟

你和大领导准备从北京去山东出差，你的经验表明乘坐飞机不是最佳选择，因为早高峰时开车去机场容易堵车，耽误行程，于是你预订了高铁票。领导听后却不同意，坚持要坐飞机。这时再争论就没必要了，只能听他的。不出意外，果然堵车了。

哎呀，机场这条线果然堵车了。小刘啊，要是听你的，选择高铁就好了。

领导，我已经预订了高铁票，要不现在就退机票，咱们去火车站？

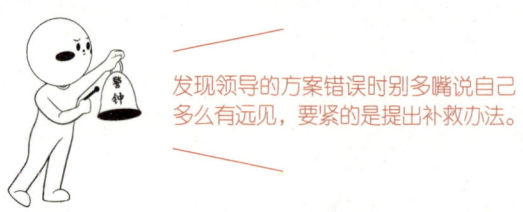

发现领导的方案错误时别多嘴说自己多么有远见，要紧的是提出补救办法。

这时，虽然领导嘴上可能不会说什么，但他的心里肯定会觉得你决策正确，执行迅速，反而会认为你工作能力很强。

所以，如果遇到领导越级插手你的事务，你要灵活运用以上三招来应对，确保自己的职权能够施行，同时保证手中的事情顺利完成。

领导嘴上说"你办事，我放心"是真的信任你吗？

> 职场人的拼搏目标之一就是升职加薪，而达到这个目标的重要途径就是得到领导的赏识与信任。然而，如果领导一直对你说"信任你"，那你就要提防了。

进入职场后，人们往往对于领导的态度非常重视。几乎所有人都觉得，能得到领导的赏识，就说明自己在领导心中的位置很重要。

面对这种情况，你肯定很高兴、很得意，觉得自己和上司的关系很不一般，以为在接下来的职场生活中，领导一定会提拔你、照顾你。事实却未必如此。

如果领导总是口头上说"你办事，我放心""不错不错，非常好"，还把这些话过于频繁地挂在嘴边，但他对别人并非如此，这时你就应该反思了。

这可能意味着，领导有点不信任你了，怕你起疑心，才用这种话来稳住你的情绪。

这时候你就要反思一下，自己什么事做得不太好呢？是什么事情令领导对你不放心了？必须尽早找到问题所在，否则，你与领导的关系会越来越远，他会越来越不信任你。

那么，真正信任你的领导，通常会有什么样的表现呢？

重要的事情交给你做

公司或者部门重要文件的起草、重要活动的筹办、重要物品的保管（如公章、支票、密码、机密材料）等，都交给你去做。这是对你信任的表现。

一眼看穿领导的内心 **第1章**

如果领导给你安排事情后，从头到尾由你自主把控，领导几乎不过问，完成之后他也没有检查，就说明领导对你充分信任，相信你不会出错。

总的来说，跟着领导努力工作时，也要适时抬头关注领导的语言和行为。只有及时获悉领导的态度，掌握他的真实意图，这样才能游刃有余，得到领导的信任。

第 2 章

教你"伴君"不再如伴虎

与领导相处是一门艺术。只要找准领导的需求,同时坚持自己的原则,和领导相处就会变成简单、轻松的事。

新领导来了,你要注意三个"不要"

> 职场人员更换是再正常不过的事,尤其是领导层。不过对于基层员工来说,领导的更换,是一项需要打起十二分精神去应对的事。

很多人在职场都有过这种经历:部门领导或者项目领导因为种种原因调离了原来的岗位,很快来了一位新领导。那么作为基层员工的你,应该如何和新领导相处呢?

其实新领导的到来,并没有想象中可怕,只要掌握三个"不要"原则,就能轻松应对新领导,让你在新领导面前游刃有余。

不要在新领导面前评价前任领导

无论是日常工作或者平时私下聚餐,在新领导面前,尽量少提前任领导的事情，最好什么也不要说。因为你不知道新领导与前任领导是好朋友，还是竞争对手。在这种情况下，少说话、多做事才是正确的选择。

案例模拟

小李是某在线教育公司的课程销售。由于第一季度部门销售业绩不达标，小李的直属领导被调离了岗位，第二天新领导就上任了。为了在新领导面前表现自己，小李总是时不时地说起前领导的事。

老领导刚走，就在新领导面前说对方的不是，会让新领导觉得你是个忘恩负义、见风使舵的人。无论说好话还是说坏话，都会引起新领导的反感，不仅不会得到新领导的青睐，反而会有损自己在新领导心中的形象，可谓"赔了夫人又折兵"。

不要向新领导议论本部门的同事

新领导刚上任，可能对于本部门的情况和人员不了解。这时，免不了有一些人主动向新领导介绍部门情况。这样做看似在帮新领导，其实很不明智，轻者会失去新领导的信任，严重的可能会连工作都丢掉。

案例模拟

吴某任职于一家上市保险公司，是一名普通的保险销售员。吴某在基层销售岗位干了快十年，一直没有升职。最近部门来了新领导，吴某为了讨好新领导，就主动帮他介绍部门情况，把自己的同事挨个点评了一下。

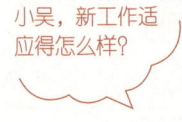

吴某本以为能得到领导赏识，谁知道接下来，新领导竟然疏远了他，并且给他安排的工作也都是鸡毛蒜皮的小事，把他排除在主要业务之外。

一是新领导对你不了解，因此你对同事的点评会让他觉得未必客观，反而可能觉得你心胸狭窄。

二是同事中可能有新领导的熟人、亲戚、朋友，而你对其贸然点评，一旦用词不当，会给自己惹麻烦。

新领导上任后，你只管做好自己的本职工作。至于如何看待每一位员工，还是让新领导自己去观察、去评价比较好。

不要急于向新领导表忠心

有的下属见新领导上任后,就喜欢主动讨好新领导,为其鞍前马后,有意向同事炫耀自己跟新领导关系不一般,给自己贴上"我是新领导的人"这种标签。

这类下属的目的很明确,就是期待和新领导拉近关系,从而在以后的职场生活中获得便利和好处。

其实这样反而不好,做人还是应该脚踏实地、光明磊落,跳得太高、做得太假,最后新领导和同事都看不上你,你将得不偿失。

如何快速获得新领导的认可？

作为一个普通员工,面对熟悉的领导调离,由一个新领导来领导你,心里多少会有点不适应。这时你需要谨慎应对,不要贸然行动。

俗话说:"铁打的江山,流水的干部。"公司领导的更换是一种常态。然而在职场中,很多员工对老领导的调离都怀着依依不舍的心情,以至于在新领导上任之后,员工会对新领导产生抵触情绪。

面对新领导,除了遵守上一节介绍的三个"不要"原则之外,该如何化解尴尬局面呢?其实,只要记住以下两点就行了。

即使不喜欢,也要给予他一定的尊重

新领导上任之后,员工往往会把新领导和前任领导作比较。如果前任领

导比较优秀，而新领导又有这样或那样的不足，很多下属就会对其评头论足，甚至轻视新领导，不愿意服从他的指挥。其实，这是一种不可取的行为。

这个时候，你一定要记住，能力再小的领导也是领导。既然公司高层把他派来管理你所在的部门，那么他身上一定有被高层赏识的过人之处。

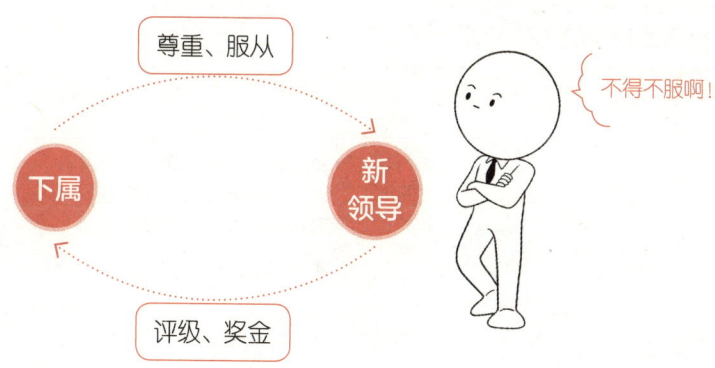

你的前程就掌握在新领导的手里，无论出于什么原因，你可以不喜欢他，但一定要尊重他、服从他。

从另一个角度想，新领导上任，也意味着新的机会降临。

不管原来的领导对你如何，都是"过去时"，现在是一个新的开端。你只有好好工作，兢兢业业地完成分内的事，才能得到新领导的赏识。

可以不刻意亲近，但力所能及地辅佐他

新领导刚上任时，往往是他最困难的时候，这时候他最需要有人能够帮助他。也许你会说，我就是一个普通员工，我能帮领导什么呀？

老员工帮新领导的事项大致包括以下三方面。
一是帮他熟悉部门的业务情况。
二是帮他了解部门的人员信息。
三是帮他掌握部门的最新动态。

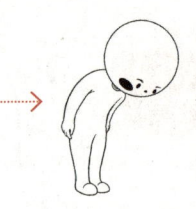

哪怕你只是一个最基层的行政人员，也可以认真地把新领导的办公室打扫干净，询问一下新领导有什么需求，别看这是小事，也会传递一种善意。

案例模拟

很多年前，老付从分行机关到下辖一个支行当行长，刚开始老付一个人也不认识，觉得心里特别孤独。上班第一天，办公室的老马给老付送来一包东西，老付打开一看，喜出望外，都是他急需的东西：全行的员工花名册、各部门负责人的名单、全行内部的电话簿、支行前三年的工作计划和年终总结，还有当月支行的工作安排、当天的银行头寸表等。

在后面的工作中，老付非常照顾老马。直到现在，老付都对老马心存感激。

由此可见，当新领导加入团队中时，在有些员工看来是坏事，内心忐忑，十分抵触；然而，在有些员工看来，这可能就是机会。只要注意分寸，把握好尺度和原则，相信你一定会和新领导相处得很融洽。

请示领导也要有逻辑性

工作中难免会遇到这样或那样的问题,需要我们谨慎决策,小心论证。这时,很多人的做法是请示领导的意见,这无可厚非。但请示领导也是有诀窍的。

职场中有这样一种人,为了显得和领导亲近,遇到一点点小事情就殷勤地请示领导,实际上这么做会让领导厌烦。

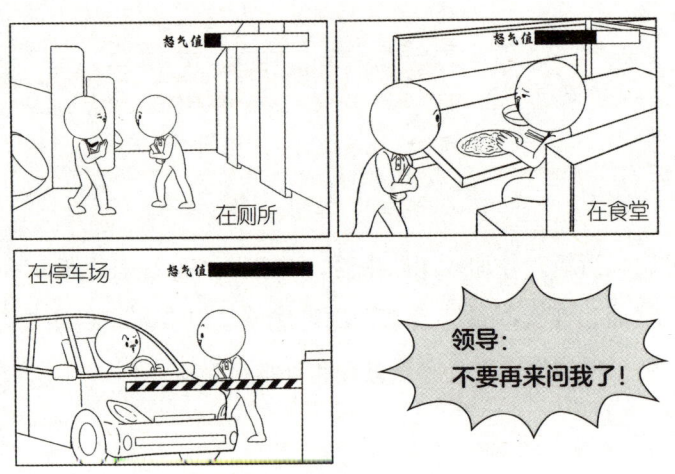

在职场中,如果遇到自己解决不了的事情,或者拿不定主意,要不要请示领导?该如何请示领导?

职权范围内的事,要自己勇于决断

每个人的工作岗位都有特定的职责和义务,相应的也会有自己的权力。遇到工作难题,只要不超出自己的职权范围,能自己决定的就自己决定,尽量不要麻烦领导。

教你"伴君"不再如伴虎　第2章

领导快来啊！出纰漏了！

下决断，不仅需要一定的勇气，也需要具备思考决策的能力。拥有这种勇气和能力的人，往往能够在工作中脱颖而出，获得领导的赏识。

遇到难题，要带着不同方案请示领导

　　向领导请示问题，从某种程度上讲，就是让领导处理本来应该由你来做的工作。假如这个时候，你毫无准备地去请示，领导就需要从头梳理，这无形中就给领导增加了额外的决策负担和工作量，领导对此当然会不高兴。

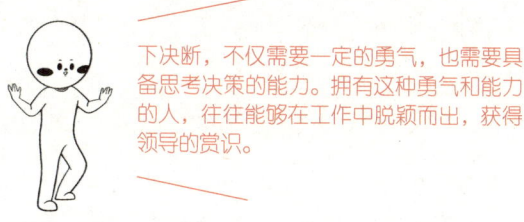

　　今天，小张有个重要客户要来公司洽谈业务，中午需要请客户吃饭。小张拿不准吃什么，标准怎么定，于是慌慌张张地请示领导。

很明显，小张犯了最简单的错误。请示领导时不应该"空手"不做任何准备，那样只会让领导觉得你没有执行能力。所以，面对这样的情况，你应该带着方案去。

带着方案请示领导时，领导无须进行复杂的思考，只需根据客户重要性的等级，选一个就好了。这样，领导感到很轻松，你也不会受埋怨。

请示领导有学问，不要盲目请示，要多准备几套方案。这不仅能提高自己的全局观念，还能随时应对突发状况。

既要服从上级的指令，也要有自己的底线

> 你和领导所处的地位和立场是不一样的。遇事要学会站在领导的立场想问题，站在自己的立场办事情。

人在职场，受到领导的信任和重用是一件很开心的事，但随之而来会产生一个问题：领导的指令要无条件服从吗？

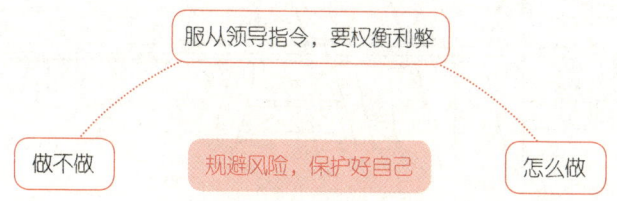

领导的安排一定要服从，但也要有自己的思考和底线！

接到领导下达的任务后，你要根据具体情况，判断某件事可能对自己产生的影响，站在自己的立场重新整理思路，切勿一味地按照领导的安排去做。

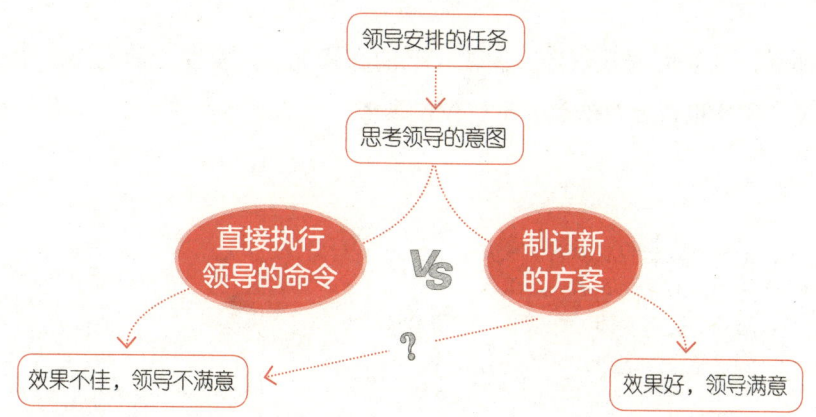

如果不赞同领导的安排和计划,也不要一味地顶撞或推诿,而应有理有据地向领导说明利弊。

案例模拟

假设你是公司的财务人员,平日里和领导关系很不错。领导对你非常信任。有一天,领导悄悄地让你以个人名义开个账户,设个小金库。

小王,以你自己的名义开个账户吧。

针对这种情况,你要想方设法地说服领导,把这件事的严重后果向领导讲清楚,使他放弃这个想法而,同时不会记恨你。

那么,该如何说服领导,保住自己的底线呢?其实在之前的小节中已有所提及,在这里再简单汇总一下,仅供参考。

原则一:坚持下级适应上级的理念。
原则二:努力让上司认同你的观点。
原则三:服从、适应上司,切莫"一辞了事"。
原则四:提高自己的能力,学会向上管理。

以这四个原则为指导,至少能守住自己的底线。

知易行难，实际工作中要想做到这一点很不容易，但是在原则问题上必须坚持底线。那么在职场中，需要坚守哪些底线呢？

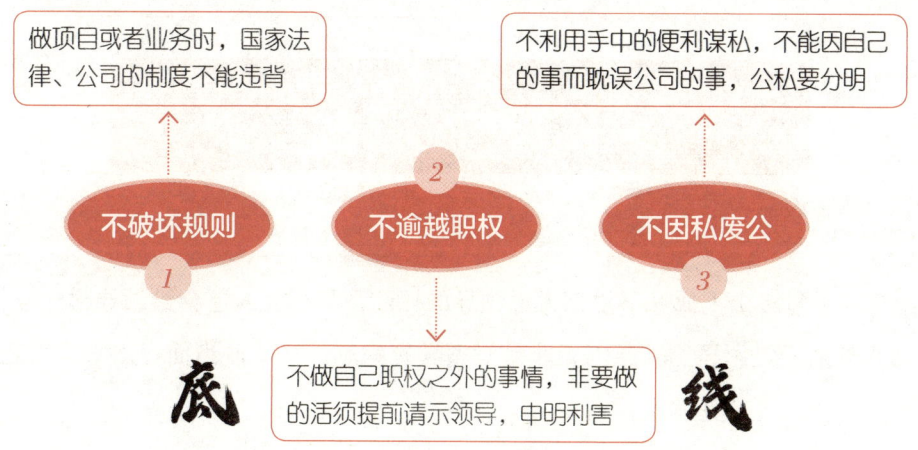

如果迫于领导的压力，突破了底线，那最终倒霉的就是你。在保持自己底线的同时，努力工作，得到领导的认可，才是一个优秀的职场人。

怎样做到给领导提意见，不伤感情还讨喜？

> 职场上难免会有摩擦，尤其是和领导之间。处理对领导的意见和不满，不能采用过激的方式，要视情况而定。

几乎每一个下属私下里都说过领导的坏话，甚至有人还会给领导起外号、编八卦来诋毁领导。其原因无非是对领导有意见，又不敢当面提出来，只能通过这种方式发泄。

对领导有意见时，有些人选择在背后用言语发泄，而有些人则选择正面"硬刚"，一怒之下和领导大吵一架，然而事后又觉得失态甚至后悔，暗暗担心被领导开除。

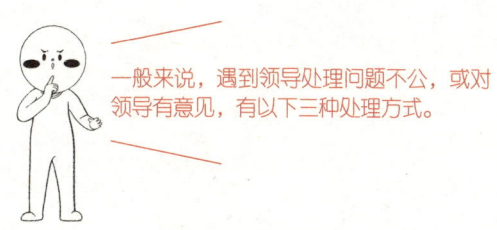

第一,假如领导本身就平易近人、讲究民主,那么员工对领导有任何意见都可以大胆提出来,通过有效沟通来解决分歧。相反,假如领导很霸道,做事刚愎自用、不听取建议,那最好不要提,否则会适得其反。

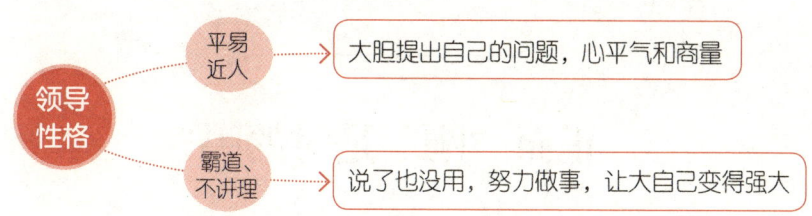

第二,如果领导本身业务能力和管理能力确实堪忧,或者收受他人贿赂,做事容易不公平,那要么通过公司正规程序举报,要么调换岗位甚至辞职,因为跟着这种领导早晚会出事。如果领导能力出众且品行良好,仍然有员工对其有意见,那么可能存在误会,找个合适时机说清楚就好。

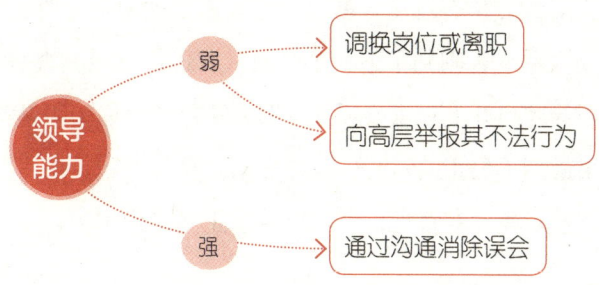

第三,如果是涉及个人利益的事情,如评先进、发奖金、提拔晋升等,你觉得领导处理不公,最好打消找领导理论一番的念头。因为为这种事去找领导提意见,会让领导认为你心胸狭窄。

正面"刚"是对的吗?

这时,最应该做的就是静下心来思考问题所在:是领导错了,还是自己做得不够?通过客观分析,找出问题的症结,让自己慢慢成熟起来。

　　无论如何,对领导再有意见,都没有必要跟他面对面争吵,毕竟下属顶撞领导在职场中是大忌。否则到了下一个公司,在进行背景调查时,如果对方发现你是因顶撞领导才离开上一家公司的,那么新公司对你的印象就会大打折扣。

　　总之,如果遇到不公正的对待,你应先从自身找问题,先让自己做到最好,这时候你如果仍然对领导有意见,就可以寻求正当途径解决。

领导给你画的饼，你是该吃，还是该砸？

> 在职场中给员工"画大饼"，是很多领导的管理手段之一。然而对于员工来说，往往最后吃不到"饼"。遇到这种情况，不宜心浮气躁、盲目强取，需要有技巧地争取。

每个人进入职场，都或多或少地遇到过领导或者老板许诺，如"好好工作，年终给大家发奖金"，但到了年终，他们却没有兑现，或者干脆"忘了"。这个时候，作为普通员工，你应该如何处理呢？

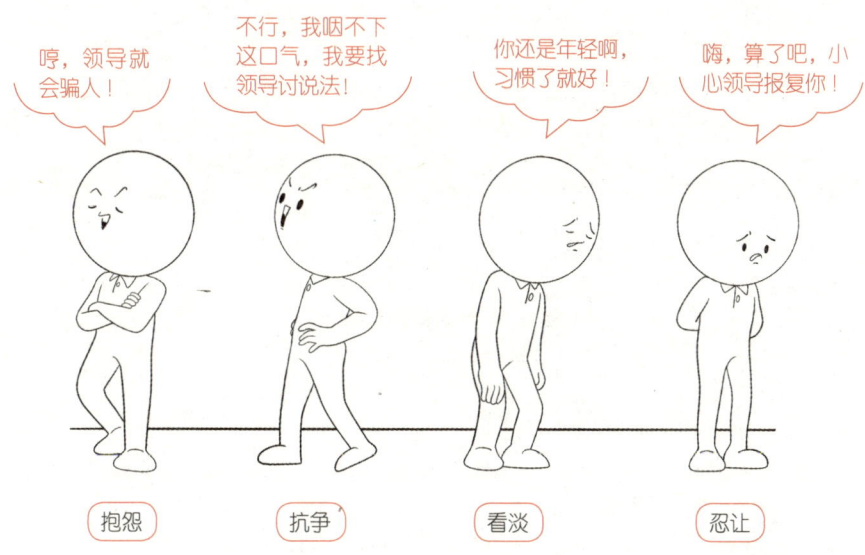

其实，以上几种态度都不可取。如果你正处于这种状态中，要及时调整，否则负面情绪的蔓延会让你对领导、对工作甚至对公司产生厌烦，这样下去是做不好工作的。

认真分析背后原因，不要盲目抱怨

一旦遇到领导说话不算数的情况，要谨记莫被负面情绪所左右，要冷静分析事情发生的原因，然后对症下药。

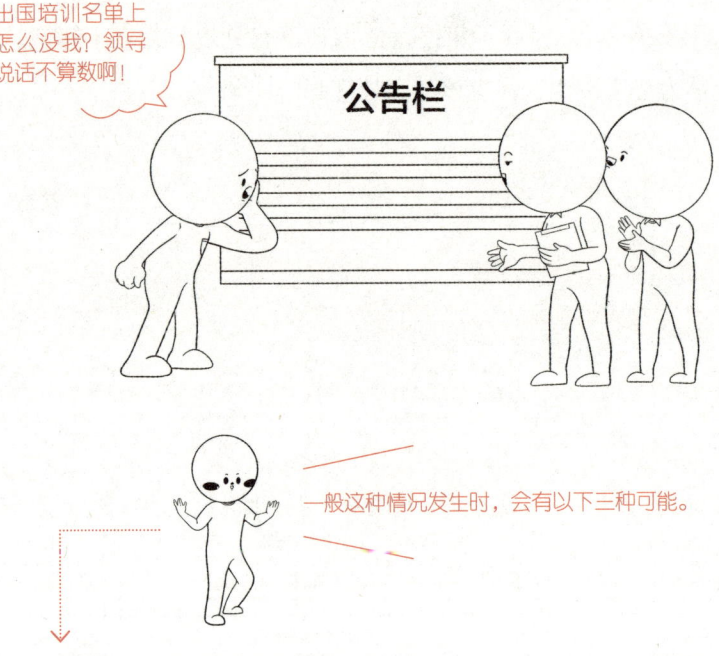

案例模拟

曾经，我有个朋友向我诉苦，去年他们公司在做一个大的项目，大家工作压力特别大，天天加班。领导为了缓解他的压力，特意找他谈话，说："好好干，这个项目做完了，明年我安排你出国培训！"

他一听，顿时干劲十足，更加拼命地工作，一鼓作气把项目做完了。然而，当公司的出国培训名单公布时，他发现上面没有他的名字。

一般这种情况发生时，会有以下三种可能。

一是领导的事情太多，忘记了。
解决办法：可以选择适当的时候，委婉地提醒领导。
二是领导没忘，但由于别的员工比你贡献大、比你优秀，临时换了别人。
解决办法：化负面情绪为动力，更加努力地工作。
三是领导没忘，但某人有背景，上司授意，领导只好听从安排。
解决办法：无法改变他人，那就改变自己。

适当的时候,也要为自己争取

当然,不是说职场中遇到不公正待遇就一定不能反抗。有的时候,只要你工作做到位,达到了领导所说的奖励要求,也要为自己争取好的待遇。

> **案例模拟**
>
> 很多年前,老付在某公司任职,有一年领导宣布:"你们今年谁能在省报上刊登三篇反映咱们公司形象的稿子,千字以上的,我就给他申请年终奖翻倍。"因为做到这一点很不容易,所以他就设重奖,想激励大家。
>
> 结果,那年老付破天荒地在省报上不多不少正好刊登了三篇千字以上的稿子,忙跑去向领导报喜,提醒他兑现当初的承诺。

领导原以为没有人能做得到,见老付真的做到了,就想不认账。在领导转身准备走的时候,老付轻声说了一句:"噢,反正说了也不算,明年谁还会费心写稿子呢?"他愣了一下,没说话,走了。

那年年底,老付真的拿到了翻倍的年终奖。当然,老付不敢以功臣自居,但是面对说了不算的领导,他觉得自己的争取是对的。

特别提醒各位朋友一句:假如领导真的忘了,而且经你提醒还是不认账,这时你千万别跟领导叫板,否则不会有好结果。

正确的做法应该是,继续好好工作,努力在工作中做出骄人的成绩,升职加薪就是迟早的事。

第 3 章

和同事要"卧底式"交往

职场中与同事交往,要保持一种"卧底"的警觉性。
一旦松懈或者露出破绽,往往会终结你的职场生涯。

最好的同事关系是和所有人保持同等距离

在职场中,要尽量做到和所有同事都保持"等距离原则",不攀附、不结党、不入圈,踏踏实实地做好自己的本职工作才是正事。

有人说职场如战场,想要在严酷的职场环境中生存下去,必须找到自己志同道合的同事,大家拧成一股绳,才能立于不败之地。

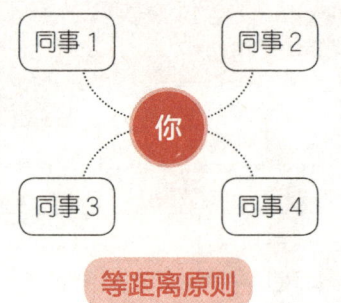

圆圈相当于你的交际圈,你位于交际圈的中心,与所有人都保持等距离关系,这就是"等距离原则"。

其实,根据老付多年的经验,在职场中坚持"等距离原则",在工作关系中尽量做到与每一个同事之间都是等距离的关系,这样才能立于不败之地。

有些年轻人到了新公司，难免会产生这样的想法：我与有实权的领导间，把关系搞好一点，走得近一点，将来有提拔、出国培训和加薪的机会，领导自然会想着我，这样我就会更快成功。

这么想虽然有道理，但亲近领导也是有风险的。

亲近领导是一把双刃剑，可能在短时间内获利，但时间长了难免会引火烧身。

任何事情都有两面性。亲近有实权的领导，你升职加薪和进步都可能很快。但是如果领导因为某些问题失去实权，这时你就要莫名其妙地倒霉了，如被新领导排挤等。即使领导不出事，你也可能面临替领导受过的局面，比如由于过于亲近领导而被同事讨厌，工作配合不顺利等。

案例模拟

我有一个同事,人很不错,很能干。公司的领导很喜欢他,无论什么事都派他去,对他很信任。公司的人都知道他跟这个领导特别好,有领导做靠山。

本来他凭着跟领导的亲近关系,怎么也能混个一官半职的。谁知天有不测风云,领导突然得了重病,不久就去世了。

领导在世的时候脾气不好,办事也不大公道,得罪了很多人,大家平常都敢怒不敢言。现在领导去世,很多人就把一肚子的不满,全都迁怒于我这个同事,处处给他出难题,导致他的日子越来越不好过。

后来,他的职业生涯也陷入低谷。

从某种程度上说,他的问题就出在与某一位领导交往过密,没有坚持"等距离原则"。领导一旦失势,那他的职业生涯也就到头了。

老付一直主张在职场上一定要凭自己的本事立足,不靠关系,对待同事不要有亲疏之别。

人在职场,有靠山固然可以得到一些好处,但这些好处是短暂的,一旦靠山出了问题,你很可能也会跟着倒霉,甚至连东山再起的机会都没有。因此,最好的办法就是保持中立,努力让自己变强大,等你掌握了话语权,再去改变某些职场规则吧。

和女同事相处的最佳方式是什么？

> 女性，在职场中扮演着不可替代的角色。她们敏感、细致、认真、负责……正是因为她们的这些特质，和她们相处时，往往需要一些技巧。

职场中与女同事交流要特别注意，女同事一般比较敏感，和男同事说的一些话未必适合在女同事面前说。

年龄禁忌

年龄是几乎所有成年女性的禁忌话题，尤其在职场中，不要问女同事的年龄。哪怕她在你眼里已经不年轻，你也不要问对方年龄，否则不仅容易惹人不高兴，甚至还会得罪人。

对象禁忌

大龄单身，这是很多女同事最敏感的点。有些单身女同事非常反感别人打听她的婚姻状况，可能前一秒还笑呵呵，下一秒一提到单身她就跟你翻脸。

八卦禁忌

不要轻易问职场女同事关于孩子和家庭的事情，一是显得你琐碎；二是某些已婚、未育的女同事听了可能会不舒服。并且这些事情属于个人私事，即使关系再好，最好也不要八卦。

关系禁忌

不要对某个女同事表现出特别的关心（如果你想追求她，则不在此列），有时你无意间说出一些带有好感倾向的话，容易给对方造成误会。一旦人家当真了，事情就说不清了，你也会陷入被动的局面，最终骑虎难下。

语言禁忌

如果女同事问你，她今天的发型怎么样，或是某件衣服好看吗？不管好看不好看，你都要说好看，因为她实际上不是在征求你的意见，而是在等待你的夸赞。另外，关于身材、体重、肤色等涉及对方容貌的地方要慎重评价。

总之，在职场中女性扮演着非同寻常的角色。和女性相处也是职场必备的一门学问。以上这五点禁忌只起抛砖引玉的作用，目的是告诉大家，要尊重女性，尊重她们的人格，尊重她们的劳动，尊重她们的审美。

如何对付爱打小报告的人？

> 职场的竞争有时候会特别残酷，为了达到个人目的，一些职场人士可能会通过出卖同事来博取领导信任。一旦遇到这类人，我们要留心应对。

在公司里，我们经常会遇到一些爱打小报告的人。你把他们当朋友、知己，什么话都跟他们说，从来没有防备过他们。但是转眼之间，他们就会到领导那里打你的小报告，这种人专靠出卖他人来邀功请赏。

假如你在职场中遇到了爱打小报告的同事，应该怎么对付他们呢？

以其人之道还治其人之身

如果有些人总是打你的小报告，已经妨碍了你的正常工作，那么你也不必手软，以子之矛攻子之盾即可。

案例模拟

有一年，我跟我们单位的小黄一块儿出去吃饭，喝点酒话就多，聊着聊着就谈到了我们总经理身上，忍不住说了几句："我们总经理人不错，业务能力强，就是说话啰唆了点。"结果第二天，总经理就把我叫到了他的办公室。

事情明摆着，肯定是小黄偷偷向领导打我的小报告了。他故意断章取义，这不是陷害我吗？小黄的行为让我很气愤。于是，我灵机一动，便对领导说："领导，事情其实是这样的……"

领导听了我的解释，表情立即变得十分复杂。他想了想跟我说："你回去吧，把小黄叫来！"后来我听其他同事说，小黄被调离了原来的岗位。这就是胡乱打小报告的下场吧！

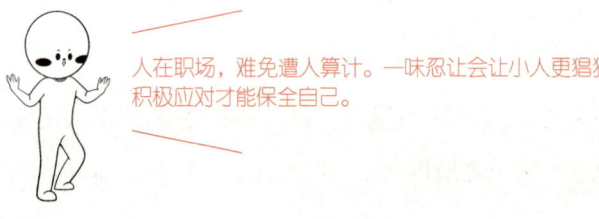

人在职场，难免遭人算计。一味忍让会让小人更猖狂，积极应对才能保全自己。

化解误会,和平相处

有些人打小报告也可能是由于误会而引发的"仇恨"。如果你遇到了这种情况,上面说的那种方法反而会使事情变得更糟。

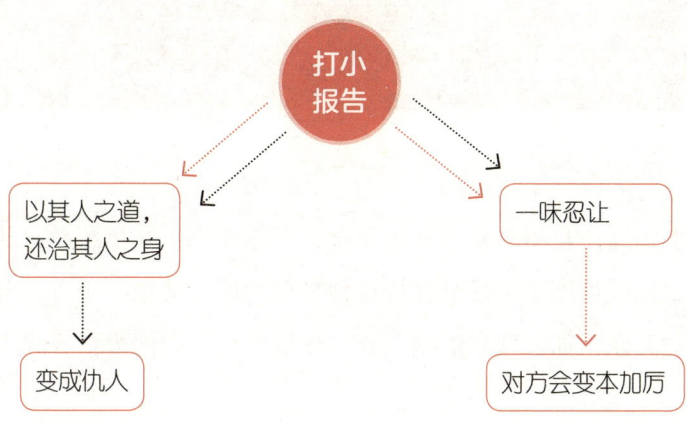

这时,我们应该主动出击,化解误会。那么,应该如何化解和同事之间的误会呢?

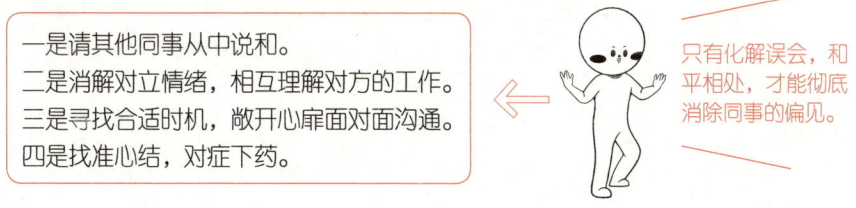

一是请其他同事从中说和。
二是消解对立情绪,相互理解对方的工作。
三是寻找合适时机,敞开心扉面对面沟通。
四是找准心结,对症下药。

只有化解误会,和平相处,才能彻底消除同事的偏见。

职场是很多人的第二生存空间,与同事相处的时间甚至比和家人在一起的时间都长。在这种情况下,更应该和同事和平相处,不主动制造麻烦。但假如有人总爱打你的小报告,那就主动出击化解矛盾或误会吧!

不要和有利益冲突的同事做朋友

在职场上,同事就是与你一起完成公司任务的合作伙伴。你与同事之间一旦超出这层关系,掺杂了利益,就会变得非常麻烦。

与同事相处,互相尊重、互相配合、互相关心、互相帮助,共同完成公司的业绩目标就可以了。尽量保持这种简单的同事关系,千万不要与同事有财产或利益关联,如合伙炒股票、合伙投资项目、向同事借钱或者借钱给同事等。

一旦出现问题,不但同事之间不好相处,而且可能会影响后续的工作。

> **案例模拟**
>
> 小杨是学国际金融的,业余时间炒外汇是一把好手,且保持着不败的纪录。挣钱之后,他就喜欢吹嘘自己的战果,他常说:"我炒外汇挣的钱是工资的好几倍,非常容易啊,键盘上啪啪一敲,钱就来了。"
>
> 小杨的成功引发了同事的羡慕和嫉妒。同事小毛与小杨关系特别好,见他炒外汇挣了大钱,就提出请小杨带着他一起炒外汇。

杨哥,你带带我呗!

行啊,你按照我的指令做,保证赚钱。万一亏了,我赔给你。

原本这是一句玩笑话,但天有不测风云。不久,国际形势突变,外汇市场急剧波动,小杨和小毛都赔了不少钱,心情都很沮丧。

有一天,小毛郑重其事地对小杨说:"杨哥,你当初不是说,我炒外汇赔了的话,你赔给我吗?我这次赔了两万多,你看是不是给我补上啊!"

小杨一听就火了:"你赔钱了,叫我给你补上?天下有这样的好事吗?"

随后两人大吵一架,小毛一口咬定是小杨撺掇他炒外汇才赔了钱,而小杨则表示那是他一厢情愿,不怨自己。最后见小毛不依不饶,小杨无奈把钱赔给了他。从此以后,小杨和小毛关系破裂,再也没说过一句话。

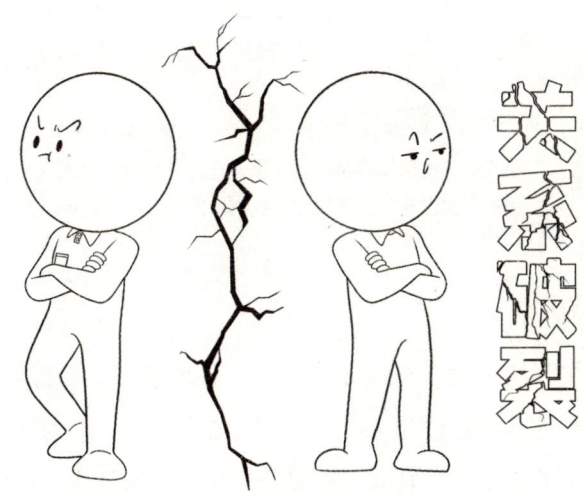

与同事相处,只谈工作为妙。如果私下与同事存在财产或利益关联,最终结果往往是分道扬镳。

那么,该如何避免和同事产生利益关联呢?

君子之交淡如水

还记得"等距离原则"吗?职场中与同事相处,应该尽量遵循"等距离原则",和同事保持君子之交,在保证工作能够顺利完成的前提下,相互之间的关系最好不要延伸到生活中的利益往来。

当然,君子之交并不是说要冷漠对待同事,而是要保持见面时打招呼,工作上有困难及时帮助。但除了工作上的事情,个人的家庭、婚姻、财产之类的信息最好不要与同事共享。

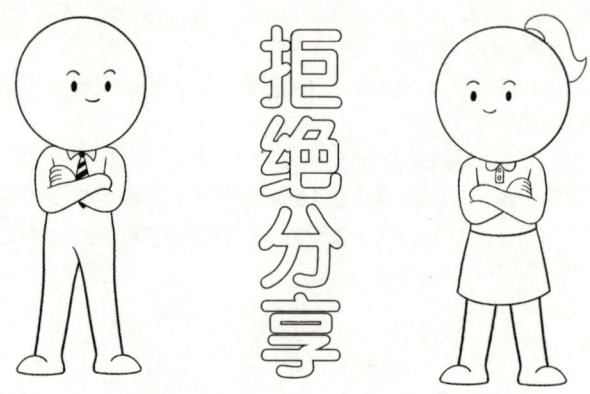

每个人都有自己的私人空间。尤其是在职场中，与私人相关的事情尽量不要共享，一方面是保护个人信息，另一方面也是为了建立边界感。

形成边界意识

很多人在职场中是没有边界意识的。如果遇到了聊得来的同事，有些人会把自己所有的事情都说出来。这么做，会让一部分人觉得自己很坦诚，和同事交心，成了好朋友。但也有一部分人并不这么认为，他们只是当个闲谈，听个八卦而已。

最佳边界点

同事之间既是合作关系，又是竞争关系。要想出色地完成任务，大家必须好好合作。但是要想维护好自己的权益，保持自己的竞争力，就必须守住边界。既不要暴露自己的隐私，也不要误入别人的领地。

那么，如何把握边界呢？有个"刺猬取暖"的寓言很有意思：寒冬腊月，两只小刺猬瑟瑟发抖地相依在一起，然而离得太远了无法相互取暖，可太近了又会扎到对方，于是它们反复尝试，找到了一个合适的距离，既能够借助对方的体温，又不至于伤害对方，这个距离就是"最佳边界点"。

不怕"神"一样的对手，就怕"猪"一样的队友

每个职场人都是团队中的一分子，应尽量扮演好自己的角色，做好分内的工作。考虑问题、做事情时也都要从团队的角度出发，不要让团队的同伴等着你。

很多初入职场的年轻人往往比较散漫，时间观念淡薄，与同事合作时，懒散随意，甚至还会拖团队工作进度的后腿。

职场中，在任何情况下，都不要让同事放下手头的工作来等你。因为这么做一方面会给团队添麻烦，另一方面很可能导致你丢失潜在的合作伙伴。

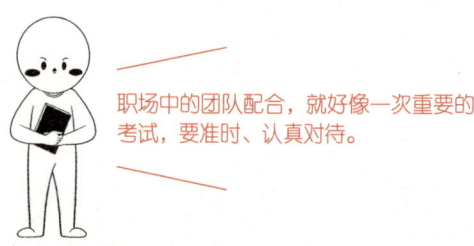

一个团队中有各种角色，每个人在团队中的某一职位上有自己的行为模式，大家要互相配合。

团队合作，就是一场需要大家共同完成的考试，所有人都被分配做一张试卷的不同部分，有的人分到的是阅读理解，有的人分到的是选词填空，有的人分到的是作文……

大家在规定的时间内，把各自分到的工作全部完成之后，合并在一起，才能够出成果。

如果团队中的其他人都已经把各自的工作做完了,而你却还在磨磨蹭蹭,那会怎么样呢?为了完成任务,做得快的人就会开始做你的那部分内容。

当你觉得自己能够毫不费力地享受团队的果实时,就会发现整个团队不再需要你了。

因为你的这部分工作完全可以由其他人来代替,并且没有人愿意再分配你做某一部分答卷,也没有人会告诉你他们的答案,因为你在团队中没有价值了。

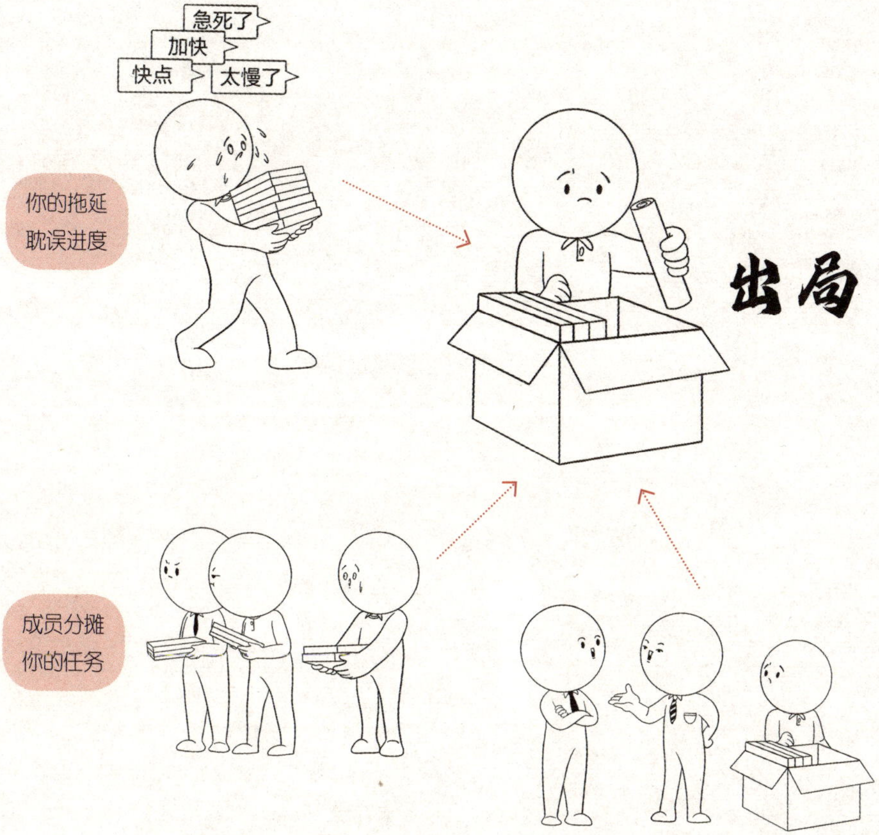

第3章 和同事要"卧底式"交往

你的拖延耽误进度

出局

成员分摊你的任务

本来你是整个团队中的一员，由于你的拖延影响了团队的工作进度，于是团队就会把你抛弃，重组后形成新的分工、新的团队，这个时候你就被淘汰了。
要想在职场上得到同事的认可，你一定要注意：努力工作，永远不要让他人等着你。

第 **4** 章

职场新人离不开六大铁律

无论你的经验多么丰富,一旦进入全新的职场环境,就要学会从头开始,学会适应"职场新人"的头衔,并且牢记"新人"必备的六大铁律。

第一天上班,怎样给同事留下好印象?

> 新员工入职之后,为了融入新环境,破冰很重要,也很关键。而破冰的第一步就是认识新同事。

一般来说,新员工第一天报到时,办公室的负责人都会向大家作简单介绍。但很多时候,大多数新人由于紧张或者团队人员较多,往往记不住所有人的名字。

在前期工作中,万一遇到难题,或者想请同事帮忙,就会因不知如何称呼同事而感到非常尴尬。

糟糕,我遇到问题了,想请同事帮忙,却不知对方的姓名。

这时应该怎么办呢?可能大部分人都会选择自己闷头琢磨,但这样不仅耽误工作进度,可能还会给他人留下工作态度不积极、工作能力差的印象。

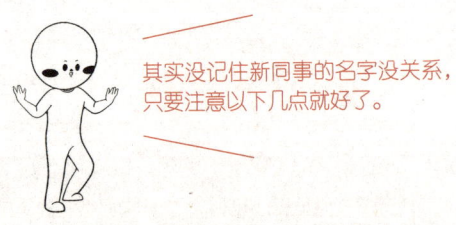

其实没记住新同事的名字没关系,只要注意以下几点就好了。

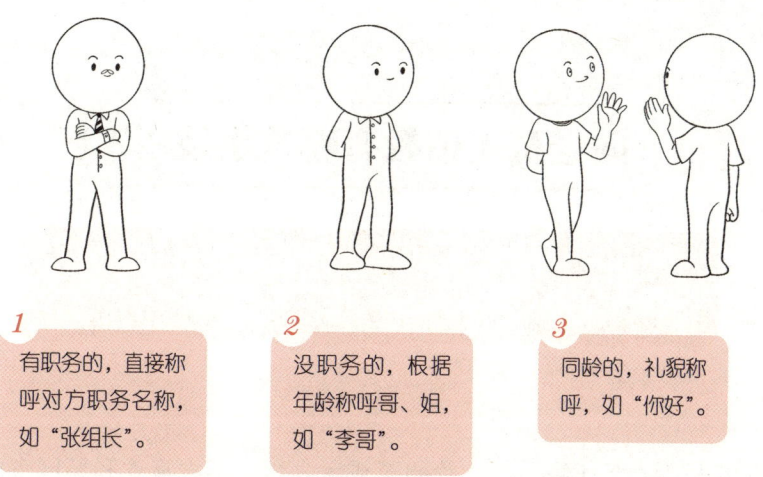

1. 有职务的，直接称呼对方职务名称，如"张组长"。
2. 没职务的，根据年龄称呼哥、姐，如"李哥"。
3. 同龄的，礼貌称呼，如"你好"。

此外，有些人是自来熟的性格，哪怕面对陌生人也不见外，因此在打招呼时十分随意。但是要注意，在职场这个充满利益关系的环境里，有几条红线千万不能碰触，否则以后和同事相处起来可能会不顺利。

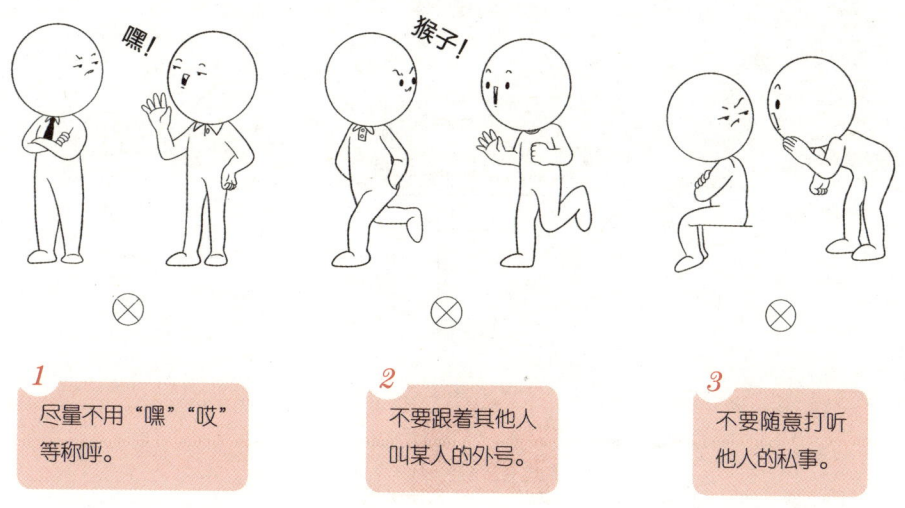

1. 尽量不用"嘿""哎"等称呼。
2. 不要跟着其他人叫某人的外号。
3. 不要随意打听他人的私事。

总之，第一天上班，应该保持微笑和友好，同时要遵循称呼同事的一般原则，以及要避免一些禁忌，这样就能和同事相处和谐。

向老员工请教有哪些小技巧？

> 初入新的职场，难免会遇到各种各样的问题。如何向老员工提问以寻求帮助，就成了一门必须掌握的学问。

很多人到了新环境，都比较腼腆或者含蓄，不太喜欢和新同事打招呼，遇到问题自己闷头解决，其实这么做是不可取的。反而是那些经常向老员工提问题的新员工，容易受到领导和老员工的赏识，这样的人会给人一种爱思考、求上进的感觉。

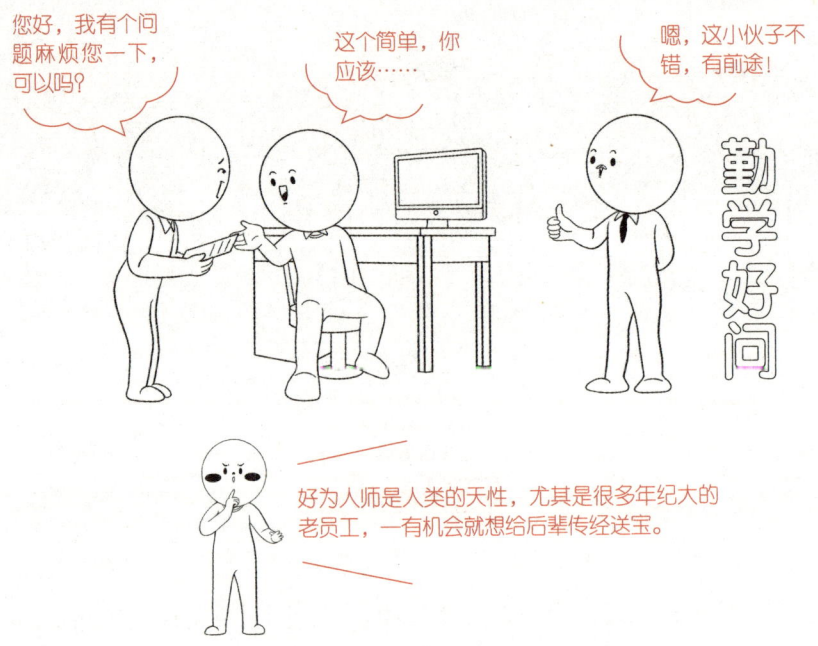

不过，向老员工提问也是有技巧的，假如提问方式不恰当，很可能会引起对方的反感。

不要任何问题都问，要先试着自己解决

对于很多问题的解决方法，如果在网上可以查到，或者通过其他途径可以解决，就没必要麻烦同事。否则，会显得你没有动脑筋思考。

正确的做法应该是先自己想办法看能否解决问题。

提问前,厘清思路,明白症结在哪里

有些人在寻求帮助之前,自己完全没有对问题进行深入思考,甚至都没弄明白问题出在哪里。如果在这种情况下去询问老员工,就会遇到尴尬的情况。

案例模拟

小赵刚到公司上班,对业务不太了解,于是向同事李哥求助。为了方便、快捷地解决问题,小赵虽然不懂,但自己也想了一些方案,打算征求一下李哥的意见。

李哥,有个公司想贷款,打算用股票抵押,但股票是变化的,万一跌了怎么办?

我觉得,可以参考一下他们股票的最低值,按面值的50%折算抵押。您觉得呢?

那你觉得应该怎么做才能让咱们避免风险呢?

不管小赵说得对不对,老同事李哥听了都会很高兴,并且认为对方是一个善于思考、有培养价值的年轻人。不要怕说错,只要多学习、多请教,就比毫无思路的人强得多。

向老员工提问前,你要反复琢磨,厘清思路,不仅能帮助自己找到问题所在,还有助于激发灵感,想到解决问题的办法。

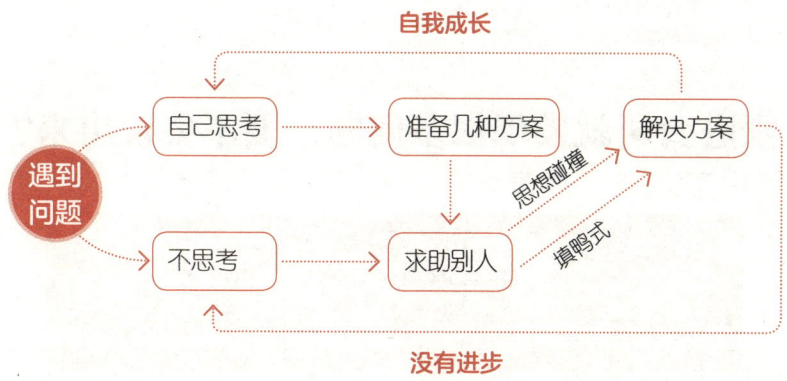

毕竟和老员工商量讨论，也是思想碰撞的过程。假如对方根据经验给你提供了方案，而你却对此完全不懂，那下次对方也不会再帮助你了。

职场提问，有非同寻常的意义，不仅是向他人展示你的能力，还是和同事培养关系的过程。

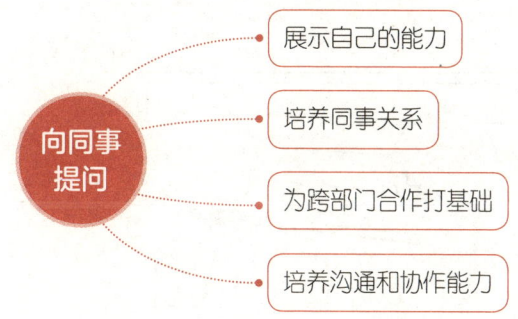

尤其是当你所在的部门和兄弟部门有深入的业务交集时，提问的作用绝非解决眼前的小问题，而是为以后更长远的合作、交流打下坚实的基础。

所以，职场新人向老员工提问时，一定要谨慎且做好充分的准备。

刚进公司就发现很多问题,要不要说出来?

> 任何公司都会存在这样或者那样的问题。聪明人会选择合适的时机提出来,而愚钝的人则会为了突显自己而当场讲出来,从而让大家都陷入尴尬。

职场上,有的人总认为自己最聪明,特别是有些刚刚参加工作的年轻人,兜里揣着高学历,年轻气盛,自我感觉特别好,到了新单位就开始评头论足。

试想一下,公司的老员工甚至领导难道看不到这些问题?他们为什么不提出来,帮助公司一起进步呢?

如果没有进行深入思考,就轻易发表自己的见解,大概率会遭到同事的嘲笑,更有甚者还会遭到领导的批评。

当然,每个公司对于新员工都是宽容的,允许新员工勇于发现问题并提出来。但是,提出问题往往是有先决条件的。

职场新人离不开六大铁律 第4章

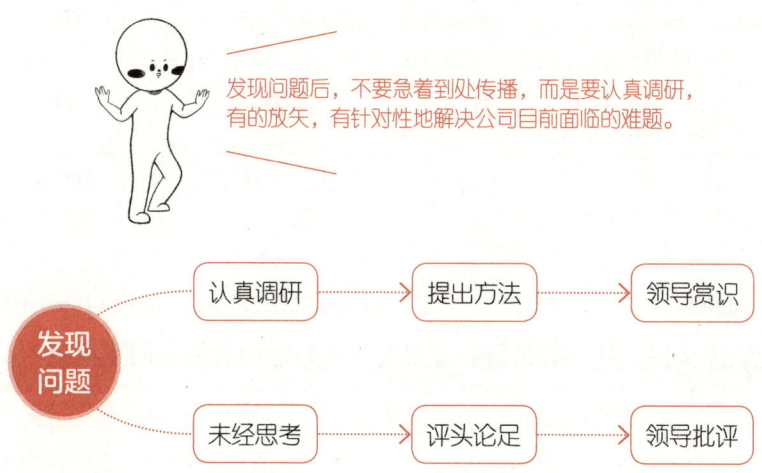

职场新人想在新的工作环境中发现问题,一鸣惊人,无可厚非。但要注意的是,在提出问题之前,先要弄清楚事情的来龙去脉,并在心里构思几个可供选择的、具有可操作性的方案。

做好准备之后再向领导提出问题,哪怕不被采纳,领导也会觉得你进行了深入思考,并且认真调研了。

> **案例模拟**
>
> 有一天,小黄上了一辆拥挤的公交车。车上很多人都站着,而他一上车就发现一个座位没人坐。遇到这种情况,聪明的人不会贸然坐下,一定会先思考并观察一下,椅子是不是坏的,靠背上有没有油漆,地上有没有脏东西,问问周围的人坐不坐等,然后再决定自己是否该坐下来。但小黄根本没考虑这些,赶忙过去一屁股坐下后才发现椅子是坏的。结果,小黄摔了个大跟头,惹得车上人哈哈大笑起来。

案例中的小黄相当于新员工,而公交车相当于公司,空着的椅子就是暴露出来的问题。周围人都知道有问题而不去坐,偏偏小黄觉得自己很聪明,只有在他坐下去之后,才会懊悔自己为什么不仔细考虑再选择坐下与否。

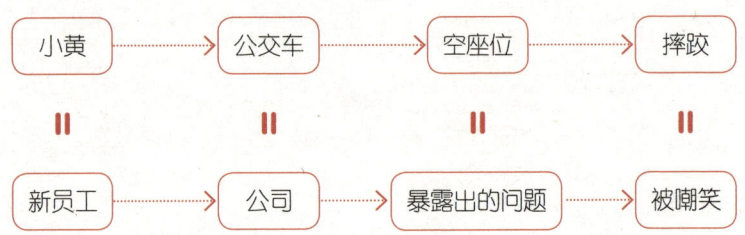

假如新员工真的发现了大问题,如规章制度的漏洞、合同的不合理之处等,应该怎么提,什么时候提,才最有效并且能引起领导的重视呢?

真正聪明的人,表面上看都很普通、低调,他们会把自己看到的问题默默记在心里,并且仔细思考一下:为什么会这样?领导为什么这样处理?然后把思考后的结果先放在心里。

等待时机,一鸣惊人

俗话说,不打没有准备的仗。当熟悉了公司环境和各项规章制度后,新员工在自己能力范围内,确保对发现的问题能给出相应的处理办法,就可以在关键时刻把问题提出来。

什么时候算是关键时刻呢?比如,领导号召大家提合理化建议的时候,竞聘某个岗位的时候,领导找你单独谈话要听听你对公司存在问题有何见解的时候。

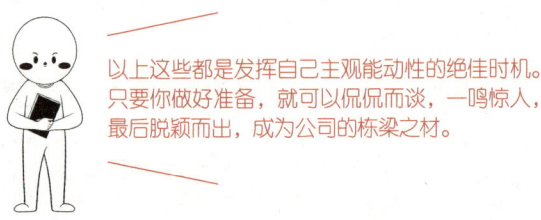

以上这些都是发挥自己主观能动性的绝佳时机。只要你做好准备,就可以侃侃而谈,一鸣惊人,最后脱颖而出,成为公司的栋梁之材。

善于审时度势,是职场必备的素养之一。作为一名新员工,你先不要急着提问题,而应积累经验和技能,再一鸣惊人。

第4章 职场新人离不开六大铁律

有些事为什么老员工可以做，新员工却不可以做？

每个公司都有自己的规则，新员工初入职场，如果不清楚这些规则，最好不要轻易触碰。

很多职场新人都有这样的经历：同样的事情，老员工可以做，而且可能会得到领导的夸赞；但换成新员工去做，反而会被领导批评。

为什么有些事情，老员工可以做，而新员工却不可以做呢？

按照常理，无论是新员工还是老员工，从公司和领导的角度来看，都应该一视同仁。但实际上，具体情况需要具体对待。

能力不够时,有些事老员工可以做,但你不可以做

同一件事,虽然大家都能做成,但老员工去做,由于经验丰富,就会处理得相对完善;而新员工做完之后,由于经验欠缺,考虑不周,可能会为以后埋下隐患,甚至造成损失。

案例模拟

小张是一名电工,进入公司之后跟着一位老师傅一起工作。有一次二人处理一个突发的电路故障,小张发现老师傅在没有上报走流程的情况下就操作了,领导见状也没说什么。小张觉得老师傅很厉害,认真学习之后,第二次独立操作时,就没有遵循流程上报,结果被领导狠狠地批评了一通。小张感觉心里非常委屈。

由于老师傅有几十年的经验和安全记录,对于故障处理有丰富的经验,领导相信他判断准确,默认他可以在规章允许的范围内灵活操作。而小张是新员工,经验不足,为了安全考虑,所以领导不允许他自作主张,按流程操作才是最安全的。

资历不够时,有些事老员工可以做,但你不可认做

出差和报销是每一个公司都很在意的事情,因为如果处理不好,就会让部分员工钻空子。

公司规定,员工出差,通常住宿标准是 200 元/天,但由于正值旅游旺季,客房紧张,普通房间没有了,老员工住了 250 元/天的房间。回到公司报销时,领导并未不悦,直接给他签字。

但新员工就不同了,如果住了超费用标准的房间,可能会被领导警告甚至批评,结果多出的钱还得自己倒贴。

这是因为老员工在公司待的时间久,领导对其为人处事比较信任,加之老员工对公司的贡献大,在这种事情上领导可以通融,可以说是老员工的隐性福利。而新员工对公司还没有任何贡献,因此领导往往会照章办事。

案例模拟

小秦是公司车队的新司机,有一次接到任务去机场接几位重要客人。小秦提前三小时到了机场接客人,结果回到公司之后被上司批评了,嫌小秦出发得太晚了。小秦不明白,这时间是老师傅告诉他的呀,怎么就晚了呢?

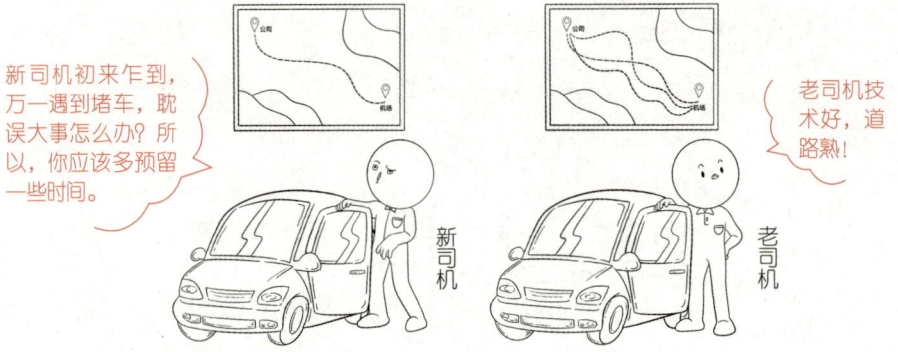

新司机初来乍到,万一遇到堵车,耽误大事怎么办?所以,你应该多预留一些时间。

老司机技术好,道路熟!

道理很简单。老师傅技术好、道路熟,遇到堵车知道如何绕行,服务多年从没有耽误过事,深得领导的信任,所以老司机提前三小时出发没问题。但小秦是刚来的,路况不熟,万一遇到堵车,三个小时可能到不了机场,这样就会让客人在机场空等,那是大忌。因此,领导觉得小秦应该留出富余时间,以免耽误事。

总之,新员工到了新的工作环境,首先要做的就是多向老员工学习,研究他们的工作方式,把那些宝贵的经验学到手,并且要多思考,适当变通才是最重要的。

新员工不要和老员工攀比,即便有时遇到点不公平待遇,也不要计较。当有一天你的能力达到了老员工的水平甚至超过了他们时,领导该给你的信任和待遇自然而然就给你了。

既要埋头干活，也要抬头看路

> 职场就好像一片田地，每个人都在努力耕耘。勤奋工作很重要，但也要记得时常看方向，别只顾埋头苦干。

很多新员工初入职场时，领导往往会说一句话："要学习老黄牛精神，既要埋头干活，也要抬头看路。"

其实，领导口中的"老黄牛精神"包含两层重要的含义：埋头苦干和抬头看路。

埋头苦干

埋头苦干是一种美德，尤其在职场中，领导都喜欢踏实工作、任劳任怨的员工。如果一名员工不肯埋头干活，整天偷懒、耍滑、磨洋工，那么他肯定不久就会被淘汰了。

抬头看路

有的员工工作很努力，一直埋头干活，踏实肯干，但就是不爱动脑筋，领导让做时才动手实施。这样的员工虽然干活很认真，但不会决策，难当大任，很容易被淘汰。

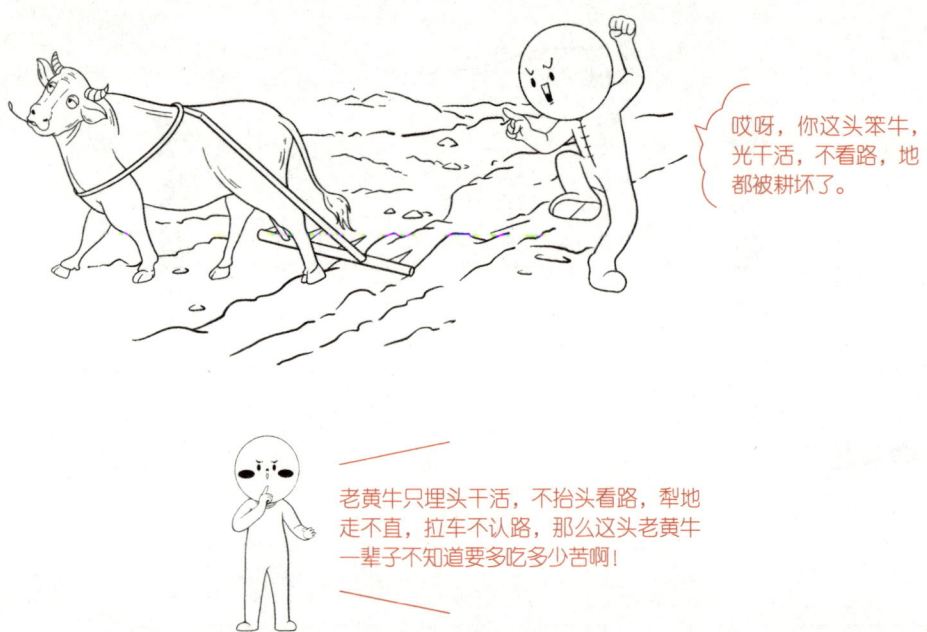

所以，在职场中，勤恳工作是难得的品质，但是也要懂得思考一些基本的问题。

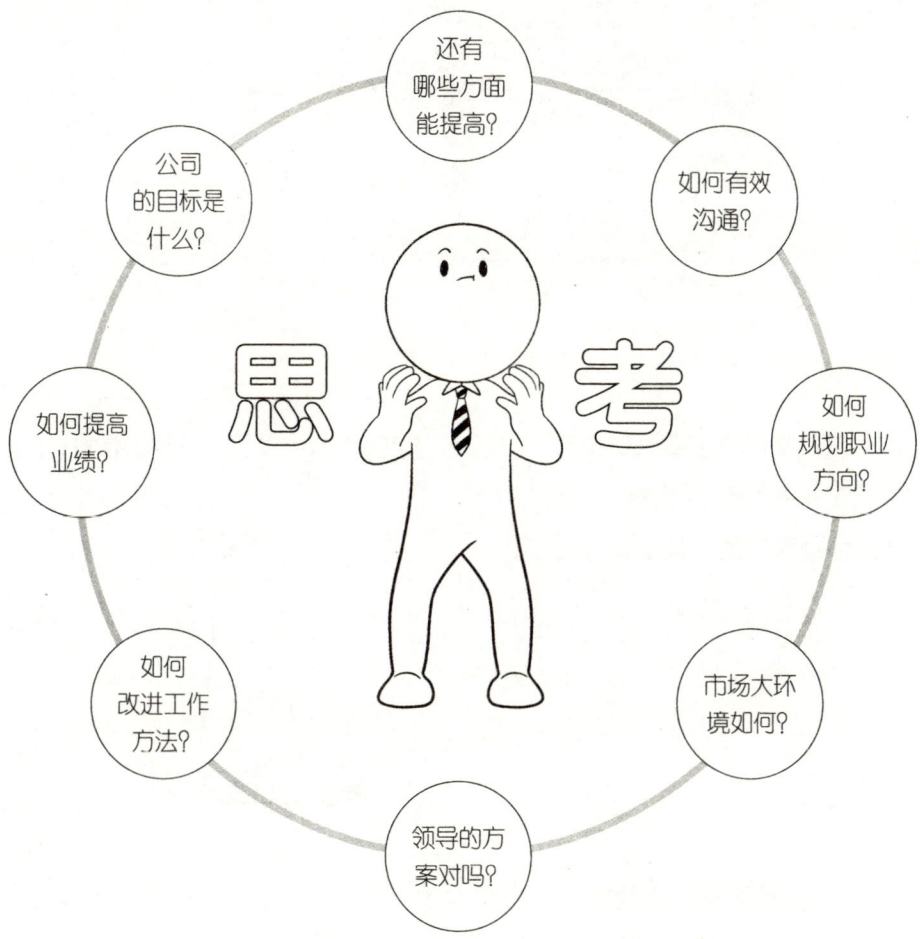

通过思考，新员工对职场会更加了解，对公司的业务和目标也能更加熟悉。不过切忌投机取巧。

有些人喜欢投领导所好，绞尽脑汁地寻找各种捷径，就是不肯踏踏实实地工作。这类人不但不招人喜欢，还会过得不得志。

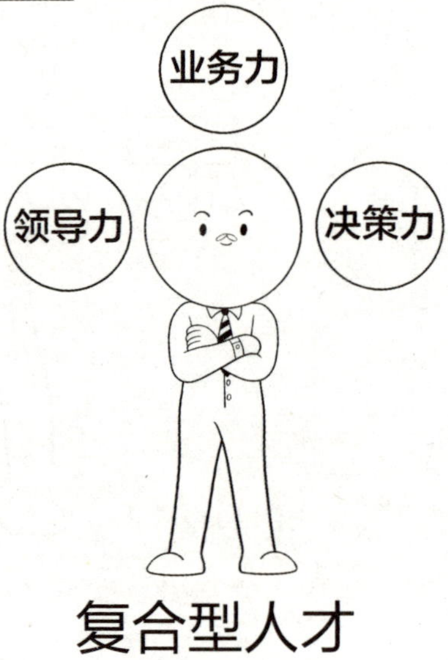

我们常说的"老黄牛精神",并不只是单纯地任劳任怨,只要肯干活就能被赏识的年代早就过去了。

新时代的职场,需要的是复合型人才,这就要求员工不仅要业务能力突出,决策力和领导力还得出色。

因为一个人业务能力突出,能保证事情圆满完成,而领导力和决策力出色,则能带领团队朝正确的方向进发。

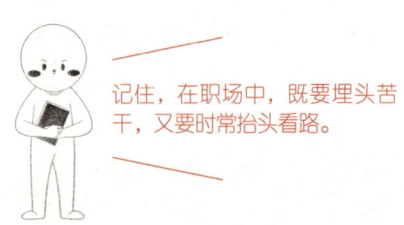

千万不要加入公司内部的"小圈子"

职场也是一个小型的社会,一个公司内往往存在各种各样的小团体或"小圈子",是加入还是拒绝,确实是一个难题。

很多公司内部都有各种各样的"小圈子",如"老乡圈子""校友圈子""董事长嫡系圈子""刘总下属的圈子"等。

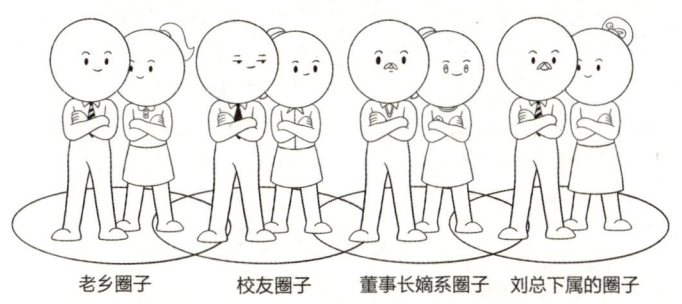

老乡圈子　校友圈子　董事长嫡系圈子　刘总下属的圈子

这些"小圈子"里的人保持着比普通同事之间更亲密的关系,经常一起聚会、有专门的微信群,遇到特殊事情时一起商量,统一行动。这么做的目的就是确保"小圈子"的利益,以及各自在公司的地位。

比如,公司中层干部准备调整,"小圈子"里的人会事前沟通,推出大家认可的人选,通过各种方式,确保"自己人"走上那个重要的岗位,甚至打压其他竞争对手。"小圈子"里的人,互相提携,互相关照,一损俱损,一荣俱荣,能量很大。

为什么千万不要加入这种"小圈子"？

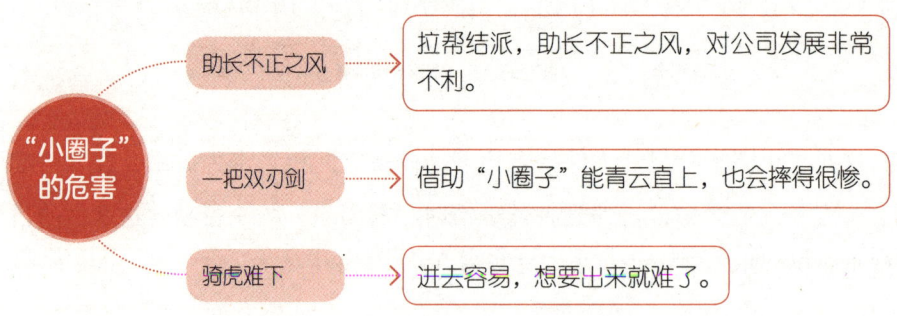

公司内部"小圈子"的拉帮结派，不仅不利于员工之间的团结，对公司的发展还没有好处。同时，"小圈子"文化是一把双刃剑，可以帮你升职加薪，也可以让你随时被解雇。并且，你无法肯定你加入的"小圈子"一定能青云直上。

最重要的是，一旦你进入某个"小圈子"，和"圈子"内部的人利益绑定之后，到时候想要脱身就难了。

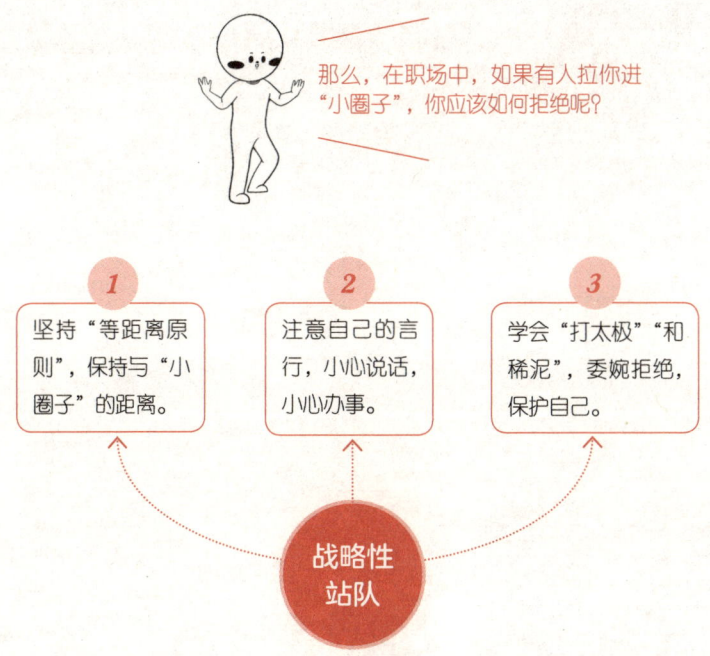

但是，有的时候，你如果不选择阵营，就会被误认为你心高气傲，不合群，可能会被大家孤立，成为大家排挤的对象。在这种情况下，你首先要做好自己的工作，不要给别人留把柄，必要的时候可以尝试战略性站队。

总之，无论职场中有怎样的惊涛骇浪，你始终要老老实实做人，踏踏实实做事，磨炼自己的技能，凭本事吃饭才是王道。

第5章
处理工作，要开启"八核大脑"

处理工作时靠的不仅仅是专业技能，还需要人际交往技巧和策略。很多时候，你要时刻保持大脑的多维运转，才能应对各种复杂的局面。

抓住工作重点，别"捏包子褶"

> 同样是面对需要同时完成多项工作的情况，有些人能轻松应对，而有些人则无从下手。处理工作，最重要的就是抓住重点，这样才能把工作顺利完成。

职场中的工作轻重缓急各有不同，有的人做事情抓不住重点，掉进琐碎的事务堆里出不来，很容易把事情搞砸。

我们在工作中一定要善于抓住重点，分清主次，了解轻重，这样才能提高工作效率。

案例模拟

老付刚参加工作时被分配在办公室工作，办公室主任做事情时抓不住重点，总是盯着那些鸡毛蒜皮的小事。有一次，公司要开一个大会，老付所在的办公室负责做会议的各项筹备工作，内容繁杂，时间非常紧张。

举办一个会议最重要的是什么？当然是整理好会议的主题、议程、参会人员名单、重点发言材料等。

但是主任不抓这些，反而把主要精力放在一些枝节问题上，如会场桌子怎么摆，桌牌怎么设计，文件袋上印什么图案，主席台上摆什么花……结果正式会议举办的时候果然出现了问题。

尽管主任把这些琐碎的事情都考虑得很细致，但却搞错了会议的主要议程，真是舍本逐末。

第5章 处理工作，要开启"八核大脑"

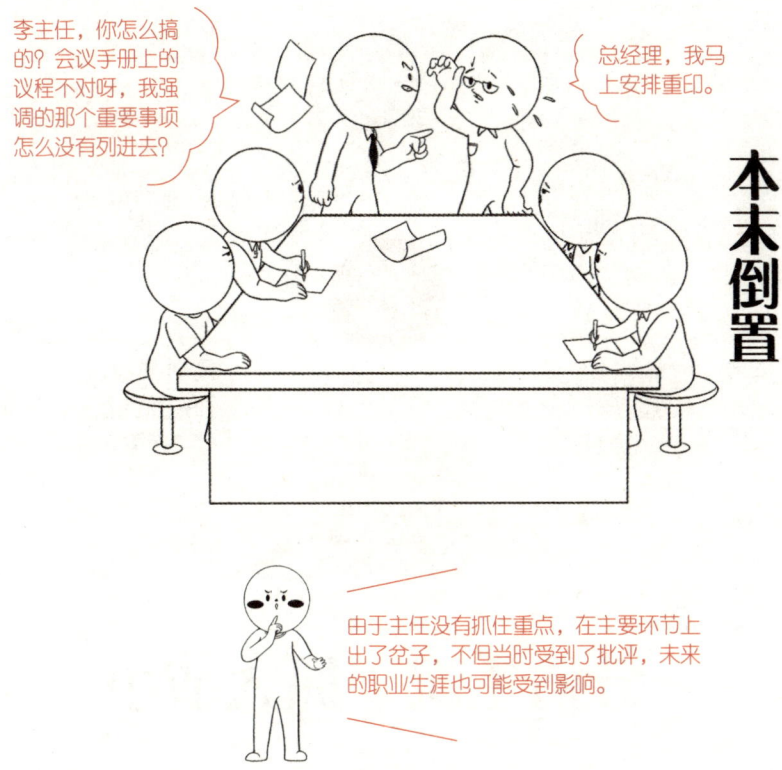

那么，应该如何分清工作内容的主次，如何抓住工作重点呢？

　　包子好不好吃，一看面好不好，二看馅儿好不好，三看蒸的火候好不好。至于包子是大一点还是小一点，是捏了七个褶、八个褶，还是十二个褶，这些都不重要。
　　可有的人偏偏喜欢与包子褶较劲，把褶子捏得既漂亮又整齐，可是包子馅儿不是忘了放盐，就是忘了放肉，这样的包子能好吃吗？

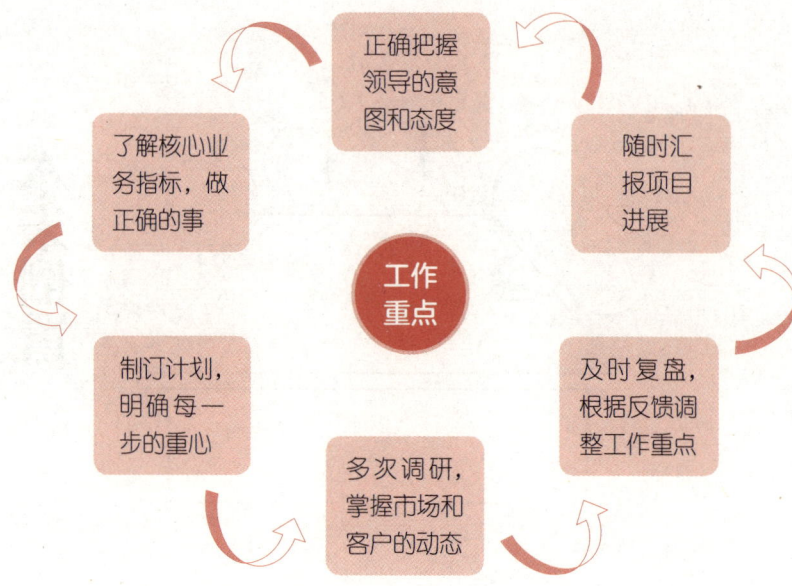

分清主次　抓大放小

其实，核心步骤就是前期规划，中期跟进，后期复盘。只有不断调整，随机应变，才能保证工作的顺利开展。

处理工作，要开启"八核大脑" 第5章

工作中遇到麻烦，怎么跟领导说？

领导交给你一项重要工作，你在完成这项工作时遇到了困难，该如何向领导反馈与处理后续工作，特别能突显一个人的能力。

每个人在工作过程中，都会遇到各种各样的困难。很多人认为遇到困难要找领导解决；也有一些人觉得一遇到事就找领导，会显得自己特别无能。这不，前几天，老付就遇到了这么一个事。

其实，类似的情况很多人都遇到过。他们担心若向领导求助，领导会怀疑自己的能力，从此不再重用自己。但若不向领导汇报，以自己的能力又解决不了问题，于是自己左右为难。

假如此刻你正在经历项目推进不下去，犹豫要不要向领导汇报的情形，老付劝你认真看一下接下来的四条建议。

出了问题,不要隐瞒

工作中遇到问题要及时、如实地向你的领导汇报。因为有时候本来某件事的发生不是你的责任,只是遇到了意想不到的问题,可如果隐瞒不报,贻误时机,造成了不必要的损失,那就是你的责任了。

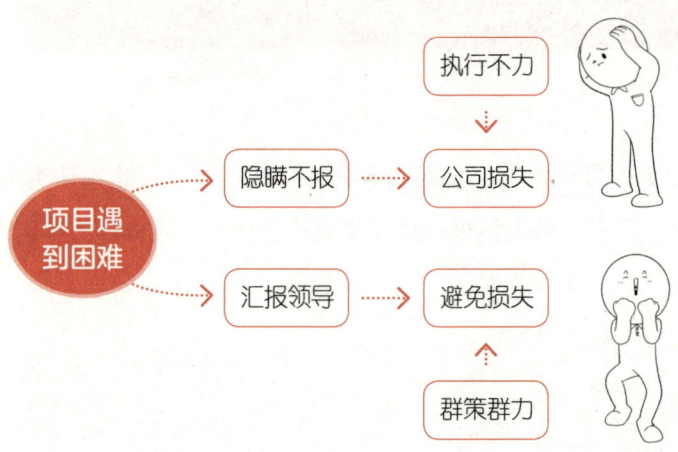

如果你如实反映,让领导及时去决策,及时调整方向,或许就能解决问题,使工作继续顺利推进。这时候,你最应该考虑的不是领导着不着急、高不高兴,而是要确保事情顺利完成。

反映问题，要想好应对策略

向领导反映问题时，并不是把某个问题摆在他面前就万事大吉了，而是最好附上你对解决某个问题的建议。如果你能提出两三条具体措施，那就更好了。这样，哪怕你做得不好，领导也看得出你是在积极想解决办法。

虽然工作中遇到了难题，不得不向领导求助，但由于你提前做好了备用方案，这样做不仅不会被批评，反而可能会得到领导的表扬。反之，假如你慌慌张张地去向领导汇报问题，并没有做任何准备方案，则往往会被领导狠批一通。

汇报问题，注意场合和时机

向领导汇报问题的时候要注意时机，如果你发现领导当下忙得焦头烂额，情绪不稳定，那么不妨先避一避。等领导稍闲下来的时候再去汇报你的坏消息，情况会稍微好一点。

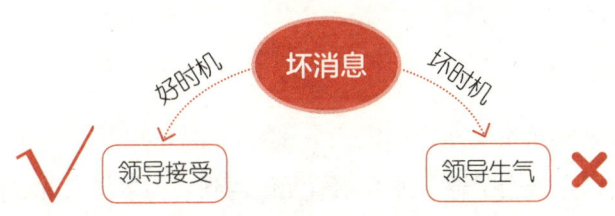

措辞很重要

向领导汇报问题的时候,措辞很关键。比如,你打算用什么方式说,用什么词语说,用什么语气说,这些都可能影响事情的走向。措辞恰当,坏事可能变好事;措辞不当,好事可能变坏事。

案例模拟

有位家庭主妇把米饭焖煳了,此时丈夫下班回家,又累又饿,她不知该怎么跟丈夫说。

要是丈夫一进门,妻子就哭丧着脸说:"哎哟,老公,我把米饭焖煳了,都不能吃了,晚饭怎么办啊?"

估计丈夫听了会生气,心想:"我累一天了,你连米饭都焖不好啊?"

如果换个说法,比如:"老公,今天我做了你最爱吃的红烧肉!"

丈夫肯定很高兴,然后妻子再说:"有个小情况,红烧肉是炖了,不过米饭焖得稍微有点煳,这样吧,米饭我吃,我给你烙两张饼,好不好?"

丈夫听了,也许还会觉得妻子太体贴了。

在这个案例中,妻子就好比员工,丈夫好比领导,而做饭就是公司的项目。妻子做饭出了差错,先汇报好消息,再说坏消息,事情就有可能圆满推进。而在第一种情况下,直来直去地汇报,则很容易被领导批评一通。

工作上遇到问题不要紧,记住"不隐瞒""能补救""看时机""巧汇报"。如果你能把这四点融会贯通,那么相信无论遇到任何事情,你都能迎刃而解。

第5章 处理工作，要开启"八核大脑"

遇到事，不要总想着推脱

> 工作中闯了祸，是主动担当还是推卸责任？对于这个问题，要随机应变，区别对待。

我们在职场上做事情时难免会遇到一些问题，遇到这类情况的时候，如果是自己的错，一定要敢于担当。

案例模拟

小李作为公司的新员工，在处理项目问题的时候做错了一件事。本来领导对此并非特别不高兴，但在和小李沟通的时候，发生了意料之外的事。

其实，领导并不关心谁对谁错，他心里肯定也清楚究竟是怎么回事。假如小李虚心一点，不找借口，事情也就过去了。但因为小李急于辩白，最终给领导留下了一个不敢担责的印象。

假如这么沟通，领导心里就会很高兴：这小伙子不错，有错就改，将来必是一个可用之才。

这样，领导不但会觉得你能承担责任，而且还能对你留下虚心的印象，将来有重要工作第一时间会想到你。

有了领导的器重，升职加薪指日可待。

所以，在职场中，不要遇到事第一反应就是推卸责任。假如真的因你的失误而导致项目出现重大问题，那就勇于承担，及时做出调整，这样才能显出你的工作能力。

但是，如果问题并非因你而起，这时，就要避免替人受过了。

处理工作，要开启"八核大脑" 第5章

慎行少言原则

按公司流程办事
一切事务都要按照公司的流程办，不要擅作主张，哪怕流程费时，也不要跳过任何环节。一旦跳过，后期出了问题，就可能成为把柄。

只对直属领导负责
事情进行时，要时时事事做好记录，并向直属领导汇报。遇到拿不定主意的问题，要找领导商量，不能擅自决策。

权责分明
团队内部沟通时，甚至跨部门沟通时，要做好各自分内的事。权力和责任务必划分清楚，避免后期出现问题，到处扯皮。

做事留痕
一切请示或者指令都通过邮件或者公司内部办公系统发送和接收，做到万事留痕迹。哪怕是通过手机沟通，最好也是打字而不是发语音。

如果做到以上四点，哪怕是公司老板也别想把锅甩给你。

总之，在职场中拼搏，既要做到问心无愧，也要避免被人陷害。俗话说，害人之心不可有，防人之心不可无！

分外工作可以接，但要有选择

> 工作中不怕辛苦、认真负责固然是可取的，但是也不要什么工作都接。如果不区分工作性质，来者不拒，那么结果很可能白忙活一场。

新员工走上工作岗位后，经常会遇到这样的事情：有人把不属于你的工作强加给你，让你苦不堪言。

虽然新员工在职场中经验尚浅，做事不应拈轻怕重，需要多做事才能把握住机会，但是也不能什么工作都接。因为这样只会让自己变成他人眼中的"便利贴"，随用随取，用后就扔。

第5章 处理工作，要开启"八核大脑"

案例模拟

老付单位新毕业的大学生小李就遇到过这样的情况。小李会写美术字，第一次有人让他帮忙写，他碍于情面就答应了，没想到后面各个部门、科室需要写美术字时都找他。写美术字这个事情很耗时，为此还影响了小李的本职工作。

然而，后来同事再找小李帮忙的时候，他又全部拒绝，结果惹得同事们很生气，自那以后，大家都不怎么和小李来往了。

最后，小李在领导和同事之间两头都不讨好。

不好推辞 ✗

全部推掉 ✗

由于小李没有区分情况，随意接受分外的工作，不但耽误了本职工作而令主管不满，也因无法完成分外工作而得罪了同事。来者不拒并不能让你左右逢源，反倒会被人认为你没有原则，不堪大用。

那么，在职场中遇到自己分外的工作时，应该怎么处理呢？

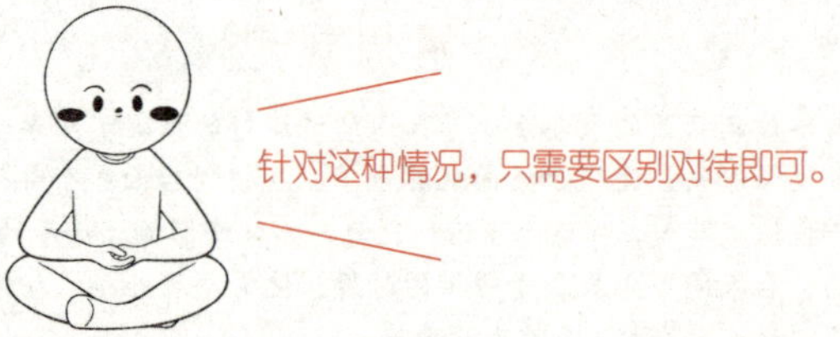

针对这种情况，只需要区别对待即可。

1 应该接，抓住实践的机会，提升自己的能力。

2 尽量不要接，否则以后就永无宁日了。

　　身为职场人，在接受工作任务前，既不要全盘接受，也不要一味拒绝。具体该如何处理，我们只有做到心中有数，方能从容应对。

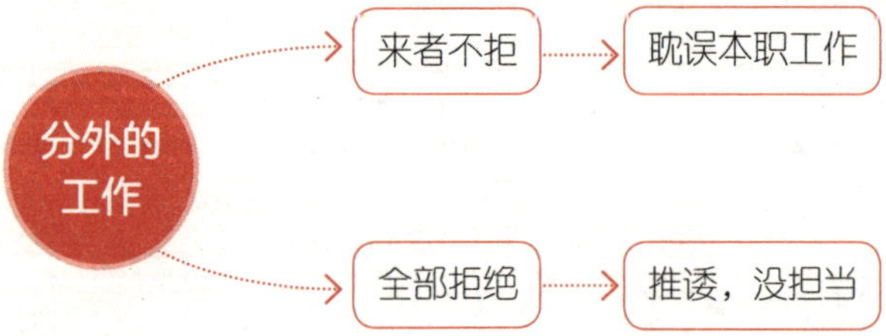

分外的工作 → 来者不拒 → 耽误本职工作

分外的工作 → 全部拒绝 → 推诿，没担当

承担 or 拒绝

第5章 处理工作，要开启"八核大脑"

全盘接受，会让自己陷入永无休止的麻烦中，不仅耽误自己的本职工作，还可能把答应他人的事情搞砸。

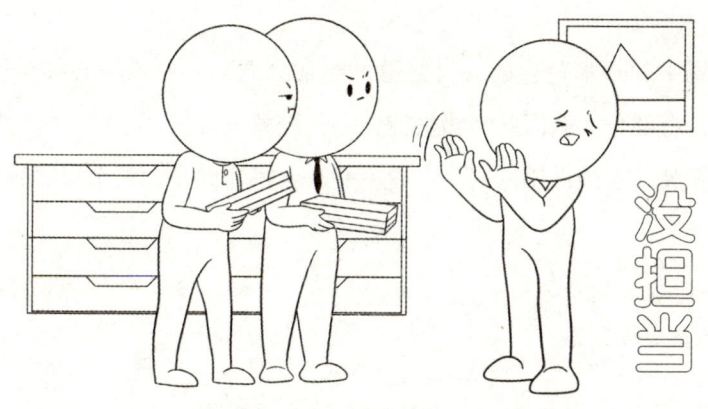

全部拒绝，会让人觉得你不热心，不愿意帮助同事，最终在公司内部被孤立。

所以，对于分外的工作，如何接，怎么接，要有选择性。

总之，在职场中不要因怕得罪人而什么工作都接。接任何工作之前都应该仔细考量是否有必要接，该接的工作敢于承担，不该接的工作坚定拒绝，方能在职场中立于不败之地。

如何控制自己不发脾气？

发脾气在职场中是一大禁忌。领导发脾气会降低自己在员工心目中的威望，员工发脾气会被大家认为无能。切记，发脾气解决不了任何问题，遇事应控制情绪，理性思考。

在职场中和形形色色的人打交道，经常会遇到一些不顺心甚至可气、可恨的事情，有部分人会因此情绪失控，一失控就发脾气。

其实发脾气是最没用的表现，弄不好还会得罪同事，甚至得罪领导。

物理分割法

遇到怒不可遏的事情，感觉不良情绪快要爆发的时候，赶紧转身离开现场，防止因情绪失控而说出一些激化矛盾的话，这样事情还有补救的机会。

一般情况下，当你离开现场，换个环境，冷静一下时，想发脾气的念头就会减弱，甚至消失。

处理工作,要开启"八核大脑" 第5章

案例模拟

有一次,老付和一个战友发生了矛盾,双方越说越激动,几乎到了不可收拾的地步。正巧另一个朋友叫老付一起去理发,老付说:"你等着,我回来再跟你算账!"战友也不示弱:"好,我等着你!"

理发时老付跟朋友说说笑笑的,就把之前不愉快的事忘了。等老付回到宿舍,那个战友还在等着他。老付问他:"你在这儿干什么呢?"他说:"等着跟你继续吵架啊!"说完,两个人都笑了起来。

换环境 → 换心情

物理分割法的要点其实就是暂时远离冲突现场,转移自己的注意力,让情绪慢慢平复下来。稍后再寻找解决办法,就不会被坏情绪所左右。

自我警告法

遇到令人生气的事情,脑海里不要只想在这件事中对方如何不对、对方如何无理、对方实在太过分等,也要强迫自己进行自我反思。

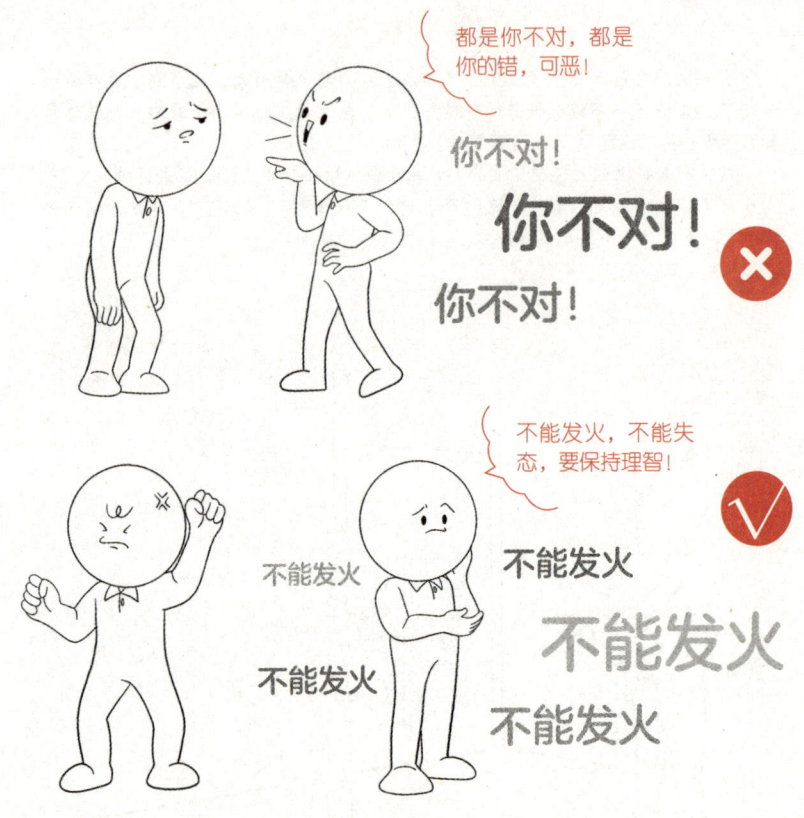

　　反复默念"不要发火",在某种程度上能够压制怒火,让大脑在短时间内保持理智,防止事态变得更严重。如果你自控能力比较差,又担心事到临头想不起这句话,可以用大号黑体字将其打印在一张纸上,摆放在办公桌的显眼位置,时刻提醒自己。

假设对方是个完全无知的人

　　和同事发生冲突前,采用阿Q式的精神胜利法,也是避免发脾气的有效方法。

案例模拟

　　老付刚参加工作时,曾经遇到过一个特别可气的同事。这位同事能力一般,却牛气冲天,说话总是颐指气使。尤其是他总找老付的茬儿,好几次老付都想跟他翻脸,大吵一场。

　　后来,老付遇到一位高人,经过他的指点,老付通过精神胜利法避免了"战争"。

把对方假定成一个无知的人,这种精神胜利法虽然看似可笑,其实却隐藏着为人处世的智慧。那就是学会避其锋芒,不让对方的情绪左右自己,始终让自己保持清醒。

人在职场,难免磕磕碰碰。要记住,发脾气不但不能解决问题,还会使问题恶化,严重影响同事关系,最终导致自己在团队中无法立足。

第6章
高情商应对职场交际

职场中如何"搞定"客户,以及如何更好地进行商务应酬,是不可忽视的一环。只要掌握一个意识、一个原则和三个方法,就能轻松应对。

同事之间有事相求需要预约吗?

具有预约意识,不仅体现了对他人的尊重,还是提高工作效率的重要方法。

何谓预约意识?就是你有事需要跟他人商量,或是希望得到对方的协助时,应该事先和他人约个时间,让对方有所准备。

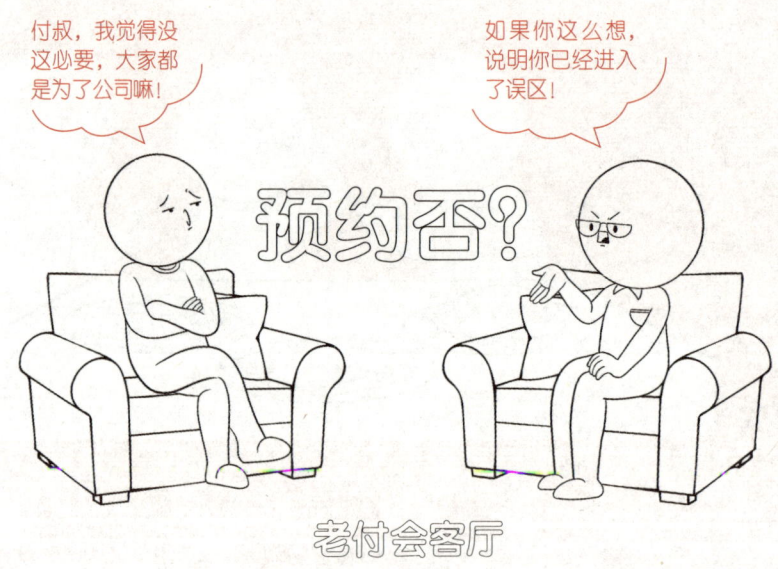

今日话题:同事之间有事相求是否需要预约?

尤其是在跨部门协作过程中,是否需要提前与他人约时间这件事,让很多职场老员工都陷入了工作误区。

误区一：我们都是熟人

当你在公司里待了很多年，和一些同事相处得不错，就会觉得工作上请他人帮个忙不算什么。可如果这么想那就大错特错了。每个人都有自己的工作职责，他人帮你就是在做本职之外的事情，所以任何人都没有这个义务帮别人。

误区二：为了公司业绩

当多个部门共同完成一个项目时，某些人遇到难题总会麻烦兄弟部门的人，并且认为这是理所当然的，毕竟大家都是为了公司的业绩，为了项目。这么想当然是不对的。当多部门合作时，每个人都有明确的分工和职责。虽然大家有共同的目标，但是每个人都有各自的职责，为什么要冒风险来帮你解决问题呢？

就是因为很多人存在这种思维误区，所以一遇到事情需要求人帮忙时，立刻就冒冒失失地来到某个同事面前，说："有个事情，我自己弄不明白，你跟我详细说说呗。"

其实，这是职场中的大忌。首先，人家和你非亲非故；其次，人家手头可能也有非常紧急的事情。所以，凭什么你有事时，同事就要马上帮你？

小刘也许正在思考一个问题，也许正在写一篇文章，也许正在回复一个电话。对方冒冒失失进来说事，会把小刘的思路打乱，这样显然是不妥的。

我们不妨换位思考一下，假如你正在赶一个非常紧急的项目，这时同事让你帮忙修改一下他的企划书，你心里是什么滋味？

面对同样的事情，假如你提前预约了，可能结果就会完全不一样！

高情商应对职场交际 第6章

所以，找同事帮忙，不要一心血来潮就去打扰对方，要学会提前预约，这是对同事基本的尊重。

提前和同事预约好，这样对方就会把手头的工作暂时停一下，甚至会做一些准备，方便很快进入主题，从而顺利地把问题解决掉。即使对方没有时间，你们也可以另约一个大家都方便的时间，把事情办好。

另外，和同事说正事的时候，也要注意一些问题。

将好处和利益说在前头
同事，尤其是业务部门的同事之间，可能存在竞争关系。在寻求对方帮助时，要先讲明利益分配，这样对方更愿意为你提供帮助。

说清楚想要达到的效果
寻求帮助之前，一定要想清楚自己想要达成什么样的结果。这样同事在帮助你的时候，才能有的放矢，提高效率。

请同事帮忙

获得帮助后，不要断绝联系
同事工作中人脉关系很重要，多一种联系方式就多一条路。在获得同事帮助之后，也要时常与对方保持联系，以便将来有更多的合作。

无论结果如何，都要感恩
结果不如意的情况很常见。遇到此类情形，首先要感谢同事的付出。虽然结果不尽如人意，但收获了友谊和帮助，这才是职场中宝贵的资源。

有事沟通，不要有负面情绪
同事在帮你做事时，你要控制好自己的情绪。尤其是遇到问题时，要及时沟通，积极寻求解决办法，千万不要意气用事。

在职场中,没有谁会理所当然地协助你,毕竟大家都是出来工作的,谁也不愿意为自己增加额外的工作负担。这时,他人对你的帮助就成了他工作之外的内容。所以,你要向同事表达谢意。

职场上这些细微之处最容易体现一个人的品质,也能看出一个人的工作能力。

人在职场,做事的时候要尽量考虑同事的感受,这样才不会被同事嫌弃,并在职场中树立良好形象,为以后的职场晋升打下坚实的基础。

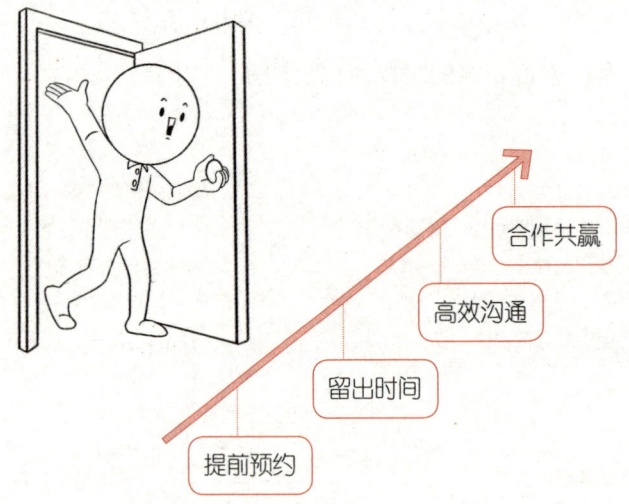

如果你请人帮忙时能提前预约,哪怕打个电话、发个消息,让对方有个心理准备且预留出时间,不仅可以让对方觉得你有礼貌、会办事,对方往往还会提前主动帮你想一下解决办法,这样面对面交流时,也能提高沟通效率。

另外,如果需要外出拜访客户,就更需要有预约意识。这一点即使是初入职场的新人都知道。同理,提前和同事预约,既体现了对同事的尊重,也有利于营造良好的工作氛围。

为什么说保持微笑比语言表达更重要？

每个新人在进入职场前都期望自己能言善辩，成为一名左右逢源的职场精英。但如果你不善言辞，也不要气馁、怯懦，不妨先以微笑示人，展现自己的善意。

如果你善于交际，又面带微笑，则会在职场中如鱼得水。如果你不善交际，又想跟大家搞好关系，那么保持微笑，能让你有一个融洽的交际氛围。

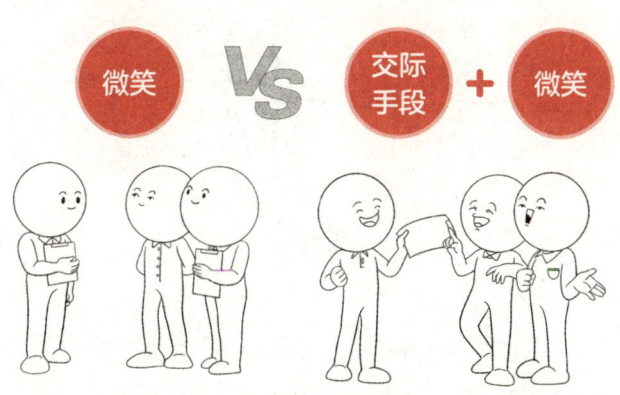

初入职场或者刚进入新单位的员工，往往内心都比较敏感，生怕自己的一言一行招致同事或者领导的不满。对于如何和大家搞好关系，迅速融入集体中，往往无从下手。

面对这种局面，职场新人该如何破局呢？试着微笑吧，因为，微笑是职场交际的通行证。

在职场中保持微笑可能比语言更重要,不微笑则容易吃大亏。

> **案例模拟**
>
> 　　老付的单位有个员工小张,他就不注意这一点,上班时整天耷拉着脸,好像谁都欠他钱似的。老付和他交流过,原来他不是心中烦躁,更不是瞧不起周围的人,只是不想笑,觉得自己板着脸的样子很酷。最终,很多同事和领导以为他不好相处,也就不怎么理他了。

　　工作中不要总板着一张脸,要尽量保持微笑,因为我们都想得到他人善意的微笑。所以,在职场中,你可以不说话,可以不主动跟别人搭讪。只要在别人说话时你能微笑倾听,上级布置工作时你能微笑接受,那就拥有了必备的职业素养之一。

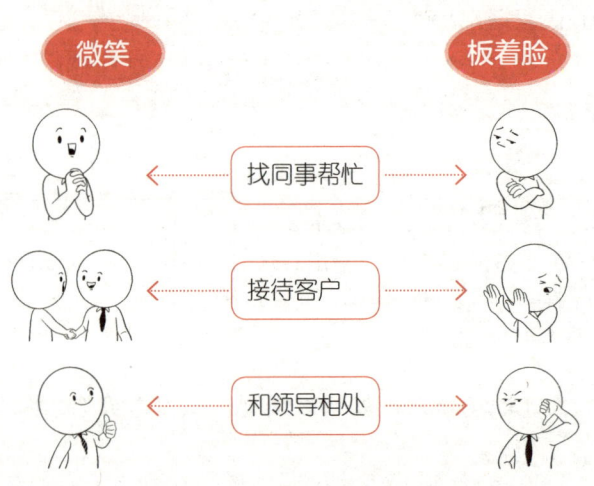

高情商应对职场交际 第6章

在职场中，领导或是老员工交代你一项工作时，你微笑着接受，努力去做，会让人认为你是愿意接受这项工作的。即使你中途出现纰漏，也容易被领导和同事原谅。

如果你板着脸去做这件事，那么领导或者老同事会认为你不想干、有情绪，甚至认为你这个人有惰性。即使你按时完成了工作，也可能吃力不讨好。

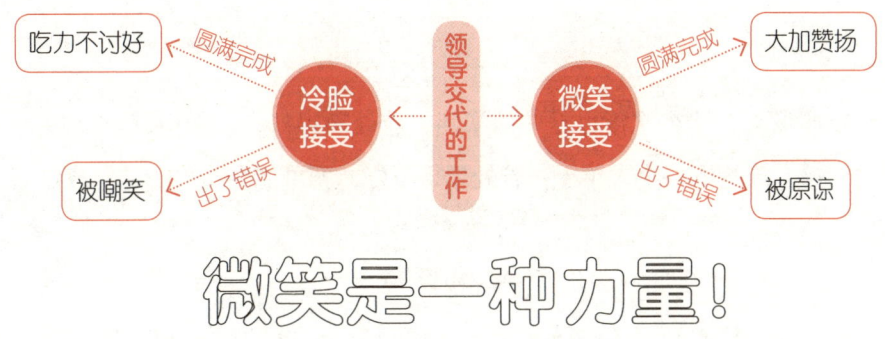

微笑是一种力量！

保持微笑，是在职场中生存和发展的一个最基础、最有效的方法。同样都是做事，面带微笑和板着脸的结果可能存在天壤之别。

如果你不知道怎样保持微笑，那么你可以经常对着镜子练习一下。你不必苛求自己一定露出八颗牙，那样反倒有点太模式化，只要表现出自己的真诚就好。

陪同领导宴请客户,怎样做才能不掉价?

> 职场中陪同领导宴请客户是很正常的事情,但应注意它并非一个普通的饭局,其中往往隐含着重要任务。

在职场上,请客吃饭也是一门学问。若处理得好,一顿饭就可以解决一个大问题,或签下一个大单子;若处理得不好,就可能会错失一笔业务。

案例模拟

小美刚参加工作不久,就获得了一次与部门领导一起聚餐的机会。这次聚餐是想借请客户吃饭的机会,洽谈进一步合作的。去之前小美还特意穿上了最喜欢的裙子,做了头发。

可是聚餐时,对方的那位老总一副居高临下的样子,对人爱搭不理,同时小美的领导也不爱说话,这使得小美不知道该不该插嘴。

在这种情况下,双方都不说话,气氛就会很尴尬。这样不但什么业务也谈不成,还可能从此丢失一个大客户。

很多人在跟领导陪客户吃饭时，都会遇到像小美这样的情况，在宴席上不知道该干什么。

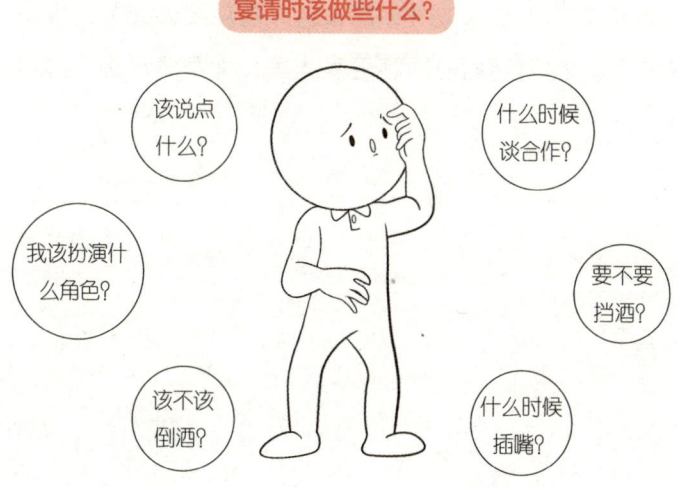

由于场合、被宴请的客人、谈话内容、自己的角色、处理的方式等的不同，在不同宴席上的要求及事项都不尽相同。但是，我们可以确定三个要点，在宴请时一定要谨记。

当好服务员

宴请客人的时候有很多琐事需要打理，这就需要陪同领导的员工鞍前马后地张罗，不让领导操心这些琐事。

当好助手和参谋

员工陪同领导宴请客户,切记不要闷头吃饭,而要随时履行自己的职责。既然请客户吃饭是为了洽谈业务,那么你事前就要做充分的准备。像是谈什么问题,对于客户的问题如何回答更妥当等,你都要详细了解后,在必要时提示领导。

打圆场、活跃气氛

一般来说,无论是宴席还是谈判,气氛的把控都应该由双方领导来负责。但是如果领导不善交际,那么你就要挺身而出,体现自己的陪同价值。

当陪同领导宴客,老板有话说的时候,你要保持沉默,别打岔,切勿喧宾夺主。

第6章 高情商应对职场交际

当老板无话可说的时候,你要及时补漏,不要使氛围变得尴尬。

当老板一不留神说错话时,你要巧舌如簧,把事情圆回来。

当然,宴席上也不要没话找话,而是应该找到合适的话题。能谈与业务相关的话题最好,实在不行,聊天气、足球、电影、股票、养生等也可以,关键是要投其所好。因此事前最好做足功课,充分了解客户的经历或者爱好。

职场经验需要日积月累,如果你第一次宴请客户时表现不好,也不要过于自责,更不要气馁。不妨多利用与亲戚朋友聚餐的机会有意锻炼自己,多向长辈和朋友请教,让他们及时指出自己的不足之处,这样你在以后陪同领导宴请客户时就会游刃有余。

参加饭局，不会喝酒如何高情商应对？

> 职场中，通过宴请与应酬拉近与客户的关系是常用的方式之一。但是对于不擅长喝酒的员工来说，有没有其他更好的解决办法呢？

饭桌文化在职场中一直盛行不衰。对于好酒之人，在酒桌上当然是游刃有余；但是对于不能喝酒的人来说，却是避之唯恐不及。

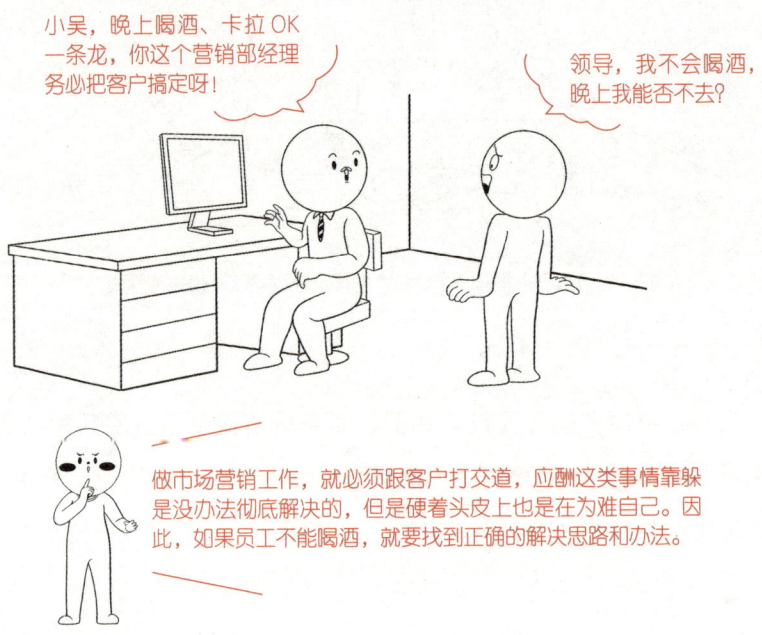

做市场营销工作，就必须跟客户打交道，应酬这类事情靠躲是没办法彻底解决的，但是硬着头皮上也是在为难自己。因此，如果员工不能喝酒，就要找到正确的解决思路和办法。

调换工作

要想彻底躲开喝酒应酬这件事，最简单、最彻底的办法就是调动工作，离开靠喝酒应酬的岗位。

高情商应对职场交际 第6章

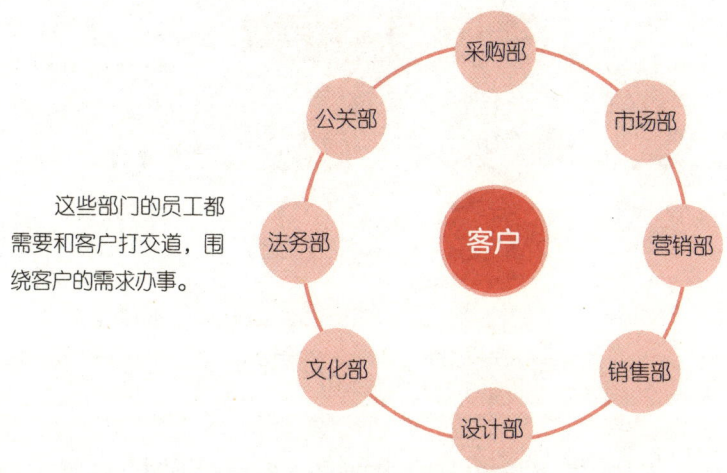

排除以上这些部门，你可以调到行政办公室、后台的会计部门、监察部门、内部审计部门等，这些部门很少与客户打交道，一般不会出现同客户喝酒应酬的难题。

但是调换工作也不是容易的事，首先你需要有某方面的专业技能，其次你想去的部门还得正好有职位空缺。

不主动安排喝酒场合

如果暂时做不到调换工作岗位，也可以找其他解决办法。例如，你在安排应酬客户时，尽量避免喝酒的场合。

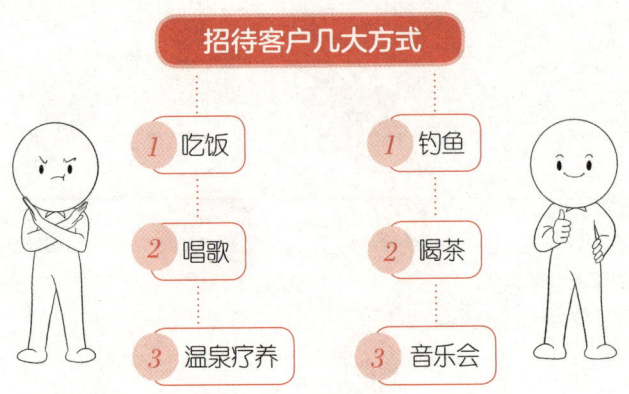

招待客户，不仅需要开阔思路，多准备一些活动项目，还需要咨询一下客户的意见，根据客户的喜好、籍贯、经历等再做安排。如果对客户不了解，那就按照客户的想法去安排行程即可。

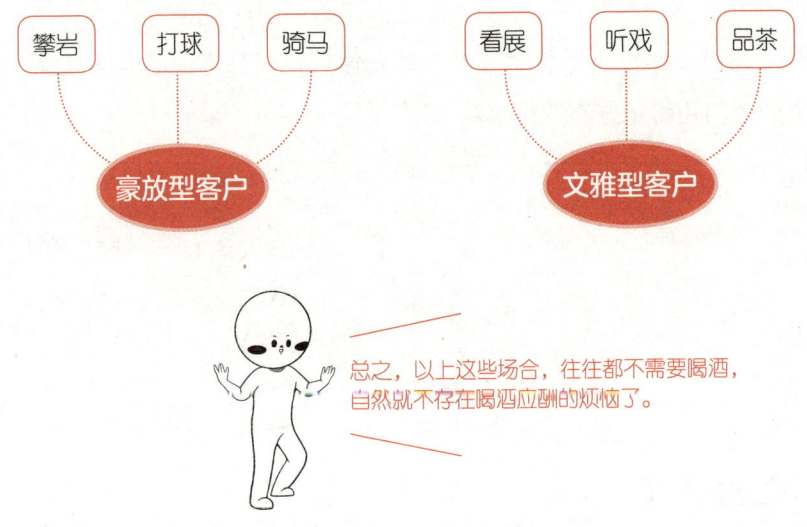

总之，以上这些场合，往往都不需要喝酒，自然就不存在喝酒应酬的烦恼了。

学会喝酒小技巧

如果某些客户就是喜欢喝酒，那就不要动别的小心思了。为了业务上的合作，只能喝酒应酬。但也不要太过为难，多学点喝酒的小技巧，难题就可以迎刃而解。

应酬之前，提前准备一些敬酒词。敬酒时，把敬酒词说得生动有趣一些，多劝对方喝，自己少喝。

喝酒时，不要一口闷，要小口抿。毕竟喝酒是为了陪客户，重点是把客户陪好了，而不是自己喝美了。

敬酒时，把客户的地位抬高一些，把自己的身份压低一些，以引导客户喝酒。

如果你的客户是好酒之人，一见面就张罗着喝酒、唱卡拉OK等，这说明此人格调不高。这样的合作伙伴能少就少，合作谈不拢也没关系，转而寻找正派的合作伙伴才是长久之道。

虽然为了业务合作，有时不得不喝酒应酬，但是在有其他选择的情况下还是要尽量少喝酒。如果实在不能喝酒应酬，也可以寻找其他变通方法，没有必要强迫自己喝酒。

请客户吃饭如何做到不冷场？

> 饭局，是职场人士永远避不开的一个环节。饭局上的氛围融洽与否，往往关系到业务的成败。

进入职场之后，大多数人都免不了参加饭局，更有甚者要替领导挡酒，喝的酒越多，签的合同就越大。当然，这是一种畸形的应酬文化，但不难看出，公务宴席在职场中所扮演的重要角色。

然而，很多人实际上不擅长应付公务宴席，以至于遭遇冷场，导致合作失败。

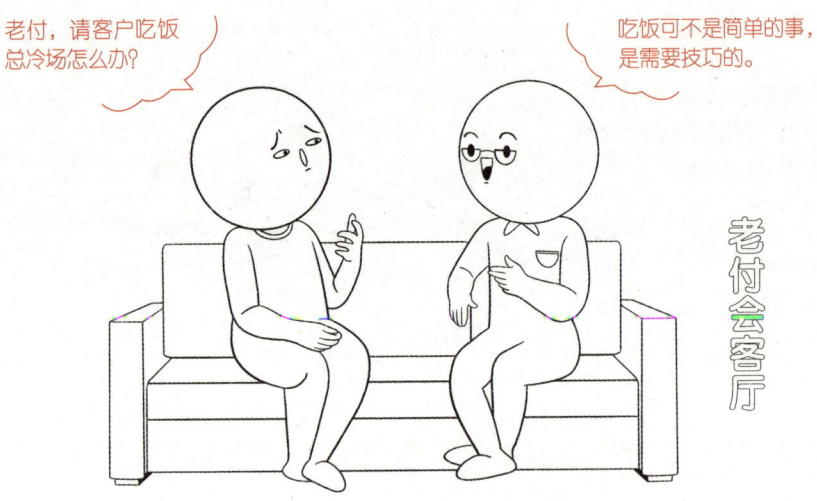

和客户拉近关系无非三种途径，那就是朋友介绍、送礼和饭局。然而朋友介绍和送礼这两种途径始终与客户存在隔阂，所以，很多时候饭局成了拉近和客户关系的一种良策。

很多人觉得，请客户吃饭只要肯花钱，吃大餐就行了。这么想就错了。吃饭吃的不单纯是食物，其中还含着人情世故。

案例模拟

当年老付做支行行长的时候，每次跟客户见面之前，都要做足功课。见客户前，老付会找与某个客户有业务往来的信贷员、会计外勤，向他们询问一些关于客户的关键信息，这样在饭桌上才能找到共同话题。

有家公司属于存款大户，但这家公司的存款主要放在其他银行。不过这家公司离老付的银行非常近，老付的银行可以提供更优质的服务，所以，老付就想方设法地想把他们拉过来。为此，老付精心准备了饭局。

然而，开局比较尴尬，那家公司级别比较高，他们的经理端着架子，一开始就话不投机。

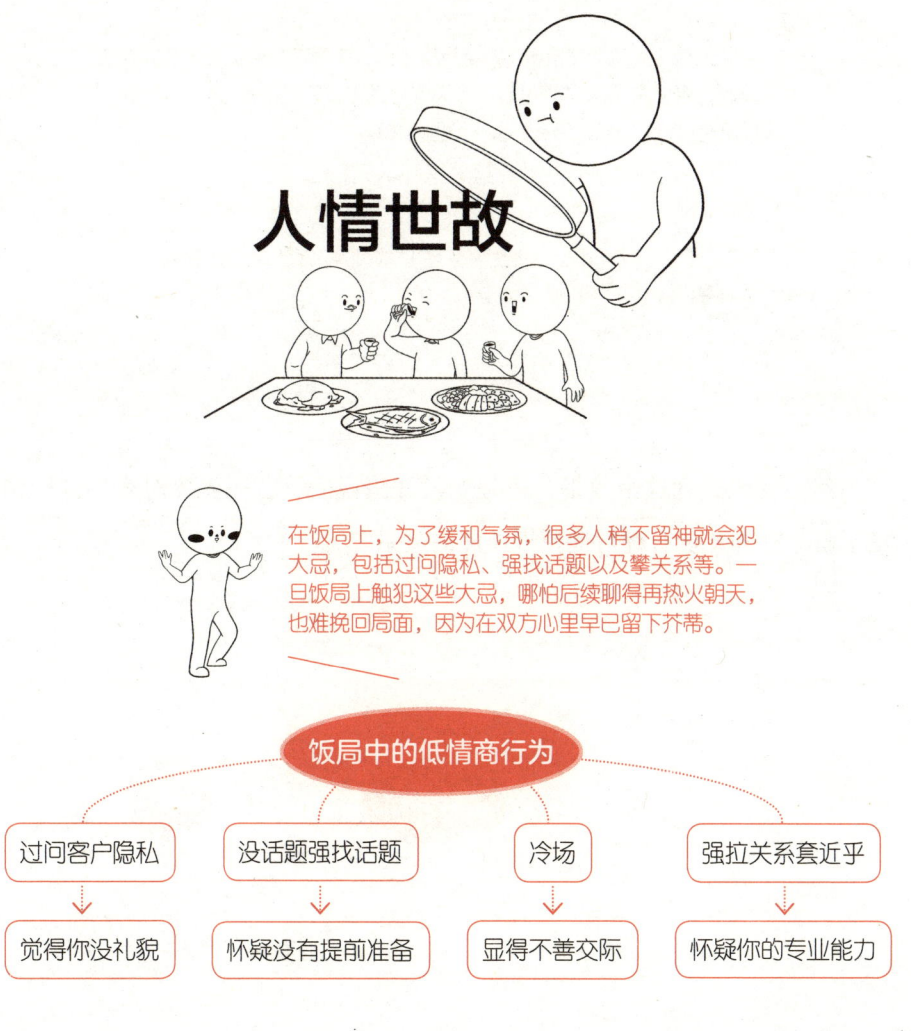

在饭局上，为了缓和气氛，很多人稍不留神就会犯大忌，包括过问隐私、强找话题以及攀关系等。一旦饭局上触犯这些大忌，哪怕后续聊得再热火朝天，也难挽回局面，因为在双方心里早已留下芥蒂。

饭局中的低情商行为

- 过问客户隐私 → 觉得你没礼貌
- 没话题强找话题 → 怀疑没有提前准备
- 冷场 → 显得不善交际
- 强拉关系套近乎 → 怀疑你的专业能力

后来，老付不和这位经理争论，直接和老总聊。由于这位老总过去当过兵，老付也当过兵，于是就把话题尽量往部队生活上靠。比如，当年怎么训练，如何打靶，如何野营拉练等。接着，两人又谈到了当年的艰苦生活，如住宿条件差、伙食差……

结果两个人越聊越投机，聊得兴奋不已，中间完全没提工作。饭局结束，对方老总主动说："老付啊，今天聊得高兴，咱们都是穿过军装的人，见面就是缘分！以后业务上的事，你直接找我。"

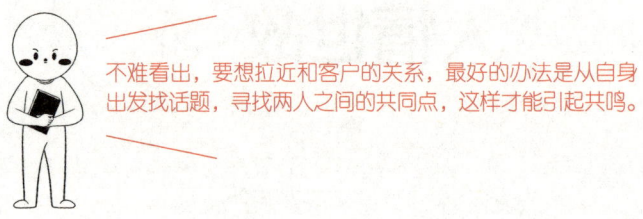

不难看出，要想拉近和客户的关系，最好的办法是从自身出发找话题，寻找两人之间的共同点，这样才能引起共鸣。

当然，要想达到这个效果，还是老付开头说的，首先需要对客户进行深入的了解，这样才能有针对地拉近彼此的关系。

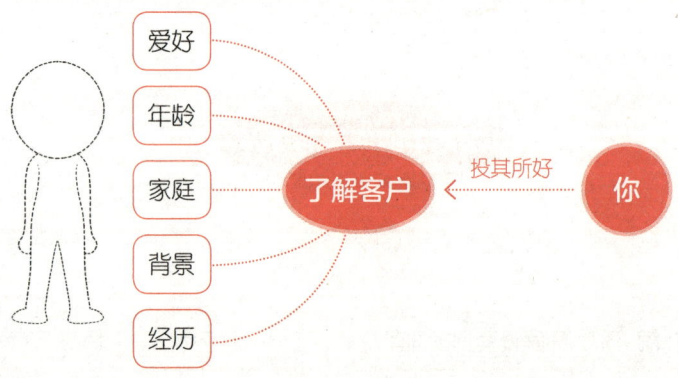

请客户吃饭谈业务，你一定要事前做好准备，如主要谈什么问题，自己希望达到什么目的，对方可能提出什么条件，应该如何应对等。同时，对一些重要的合同条款和数字要了然于心，提前准备几种可选择的方案，现场才可能做到随机应变。只要做到心中有数，饭局上的谈话就在可控之中。

要学会把握饭桌上谈话的节奏和气氛。客户有话说的时候，你要保持沉默，别打岔。待客户说完低头吃饭的时候，你要及时寻找新的话题，不能让谈话气氛冷下来。

当饭桌上谈话不顺利，气氛有点紧张的时候，你要赶紧转移话题，用轻松愉快的语言化解当时的不快。比如，可以聊天气、足球、电影、明星、股票、养生等来调节气氛。等气氛缓和的时候，再换个角度继续谈之前的话题。

知己知彼，百战不殆。要想在公务宴请中表现得体，赢得客户的青睐，你就要提前下足功夫，这样才能谈成业务。

第 7 章
语言艺术为职场赋能

一句话能成事,一句话也能坏事。知道什么场合说什么话,是职场人士不可缺少的素养之一。掌握职场语言艺术不仅能提高工作效率,还能提升社交能力。

怎样汇报工作，才能让领导满意？

> 汇报工作是一门学问。同样一项工作，有的人去汇报，就能得到领导的好评；而有的人去汇报，却被领导批得一无是处。这其中有什么奥秘呢？

"青蛙效应"即"温水煮青蛙"，讲的是人们对细微的变化具有适应性和习惯性，从而导致自身对风险的敏感度降低，最终招致祸患。

向领导汇报工作是一门很深的学问。如果工作顺利完成，汇报时应该开门见山，立刻说重点；如果工作进行得不顺利，切勿一开始就说重点，否则后果一般不太好。

如果工作顺利完成，则先说重点，再说细节

如果工作顺利完成，那么汇报时一定要开门见山，马上说重点，然后再说具体细节。

语言艺术为职场赋能 第7章

案例模拟

领导派你去谈一单生意,这单生意对你们公司非常重要,甚至关系到你们公司的生存和发展。你整整谈判了一天,终于达到预期效果,但你的手机没电了,没法立即打电话向领导汇报,于是急匆匆地赶回公司当面汇报。

你的领导一直没有你的消息,忧心忡忡了一整天,心急如焚。他好不容易把你等回来了,一进门,你的第一句话一定要开门见山,这样领导才能放下心来。在这种情况下,如果你不是开门见山,而是按部就班地汇报,就容易挨骂。

如果谈判失败,先做铺垫,再说结果

如果谈判失败,你回来汇报工作时,千万不要开门见山地直接说重点。

谈判失败的情况下，应该怎么向领导汇报工作呢？你需要采用与进展顺利时完全相反的方式才行。工作进展顺利时，开门见山，先说结果；谈判失败时，先做铺垫，再说结果。

这时，你可以先汇报具体细节，也就是先做一个铺垫，然后再报告谈判失败的消息。

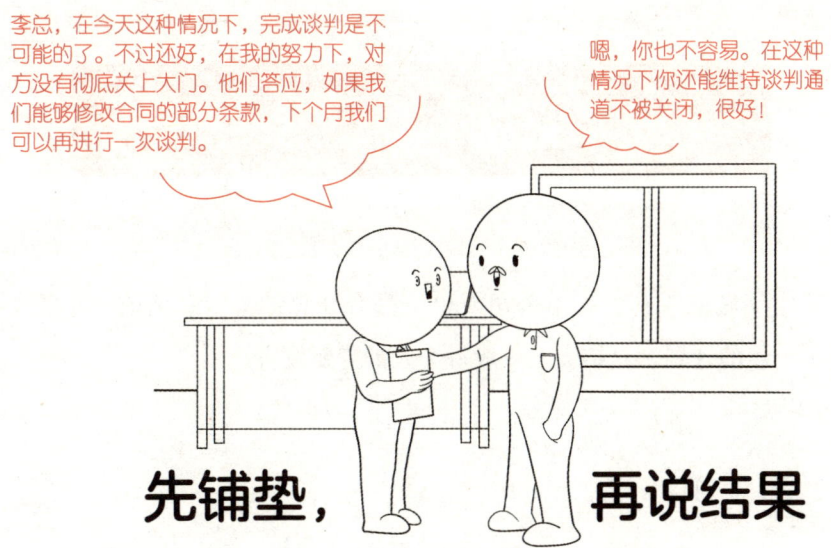

年终总结需要注意什么？

> 年终总结大会是展示一年工作成果的重要场合，员工的巧妙发言不仅能崭露头角，还能一鸣惊人。

每年年底或年初，各个公司或单位都会开总结会，总结前一年的工作，安排下一年的计划。总结会上一般每个人都需要发言。

很多人把年终发言不当回事，但其实还真别大意，因为年终总结会的发言很重要。

一段好的发言能够让领导和同事对你的工作有全面、清晰的了解，加深对你的印象。

第7章 语言艺术为职场赋能

一段糟糕的发言,不仅没有使他人记住自己的成绩,还给同事留下缺乏条理、过于浮夸的印象,那就不妙了。

总结发言是一种能力

那么,到底什么样的发言才是恰当的呢?好的发言通常要具备以下六个特点。

着装很重要

年终发言属于正式场合,如果条件允许,最好着正装。没有正装的话,也要穿戴整齐,这是对他人的尊重,也是向大家展示自己的机会。

从老板的角度思考

所谓年终总结，简单来说，就是向老板汇报一年来你都做了什么。这时，应该注意的是，你所阐述的内容一定要从老板的角度出发。记住，不要只说你想说的，而要说老板想听的。

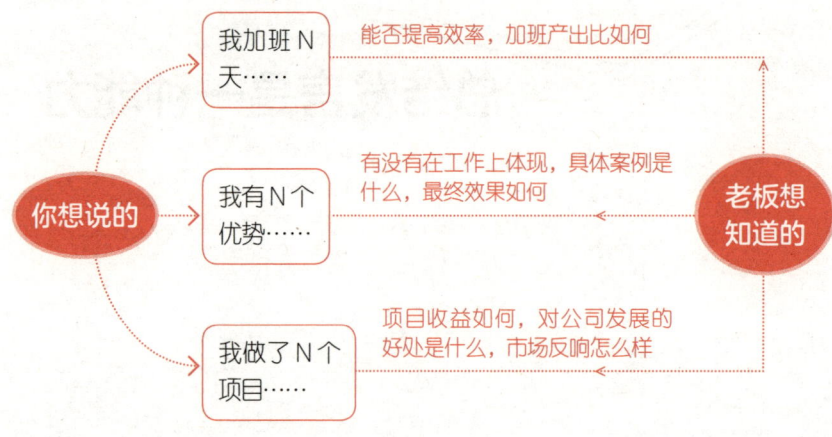

可以抬高自己，但不要贬低他人

职场中难免有竞争，哪怕是同一部门的同事之间，为了业绩也存在对抗关系。但在年终发言时，不要将这种私下的事放在台面上讲。请记住一点，你可以抬高自己，但不要贬低别人。

成绩要讲够

年终总结会本来就是各部门展示成果的场合,不要吝啬展示自己的成绩,也不要不好意思讲,只要实事求是就好。

有的领导是明白人,你做了什么工作,领导心里都有数。可是,有的领导也许是工作忙,也许是无暇顾及你,对于你这一年都做了哪些工作还真是一无所知。你若不说出来,他会以为你真的什么都没做,那可就糟糕了。

这里要强调一点,如果工作是与同事们一起完成的,那么就不能全算作自己的功劳,要讲清楚团队成员以及每个人的分工。如果只提自己,那么以后估计没人愿意和你共事了。

巧说短处

在年终总结会上,领导不但想听这一年你做的成绩,还想听你有没有反思自己的短板。所以,你除了谈及自己的优势和能力,也要实事求是地提一下短处。此时,你既不要遮丑,也不要胡说就可以。

表明态度

　　实实在在的工作总结讲完之后,你还要表明自己的态度,如在新的一年里工作计划是什么,对公司的发展有什么想法和展望。最后别忘了再表示一下自己一定会紧跟公司的步伐,创造更好的成绩。总之,年终发言不仅是一个向领导和全公司展示自己的机会,还是一条锻炼和提升自己的通道。因此,你千万不要掉以轻心,要认真对待。

如何听出对方的弦外之音？

如果你听不懂别人的弦外之音，就没有办法理解其所要表达的真实意图，彼此之间的沟通交流就会出现问题。所以学会读懂他人的"弦外之音"，是职场的必备技能。

在职场交往中，领导和同事们为了不伤害你的自尊或者其他原因，有些事往往不直接跟你说，而是采取含蓄、间接的方式来表达，绕着弯地旁敲侧击，这就是所谓的"弦外之音"。

案例模拟

快下班时，小齐去向领导汇报工作。他没完没了地说，直到下班，连一半都没汇报完。领导不想打击他的热情，于是暗示小齐："啊，你说得不错啊，这方面的事情要慢慢来。今天刚好是周末，你们年轻人可以早点回去，和朋友聚一聚，蛮好的嘛。"

但是，小齐似乎没听懂领导的意思，接着说："没事的，领导，我也不喜欢参加什么聚会，我想还是把工作汇报完了吧……"

领导只好摆摆手，直接说自己还有事要先走，让他下周再找时间汇报。

领导，我准备了十条，才说到第三条……

啊？

领导的弦外之音是：你说得差不多了，说完赶紧走吧，我还有事呢。

如果听不懂领导讲话的弦外之音,不仅在工作上很难领会领导的意图,工作之外的人情世故也可能处理不好。长此以往,人际关系搞不好不说,前程还可能被耽误。

从领导所处的位置出发

领导所处的位置,决定了他思考问题以及言谈举止都与普通员工不同。下属如果能换位思考,学会用领导的思维看待问题,就能更好地领会领导讲话的弦外之音。

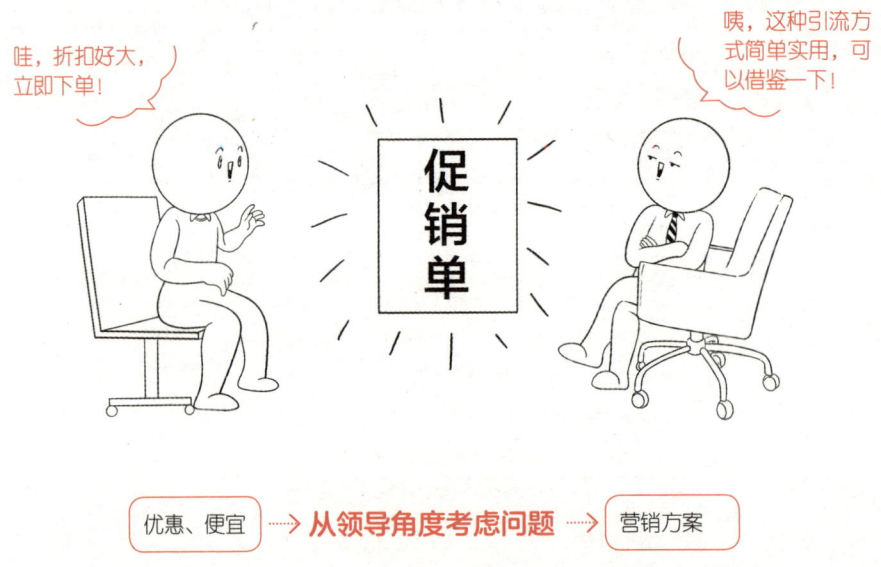

从领导的性格特点出发

每个领导都有自己独特的性格特点和办事风格,有的雷厉风行,有的优柔寡断,有的深思熟虑,有的爱做表面文章……领导这些不同的性格,决定了他们行事风格的不同。

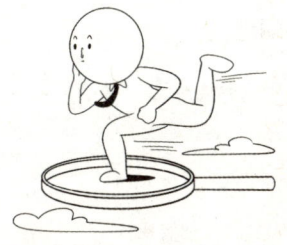

1. 对于"心细如发"的领导,要及时汇报工作,让他掌握工作进程与细节。

2. 对于"谨小慎微"的领导,要按照程序、流程去做工作。

3. 对于"不拘小节"的领导,要勇于创新,发挥能力,让他看到成果。

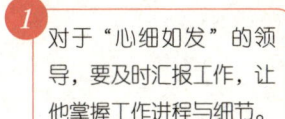

领导的性格决定了他的处事方式,下属只有契合领导的行为习惯,才能与领导的节奏保持一致。

从领导的意图出发

领导虽然身居高位,但他也是人,也有想追求和得到的东西。因此,下属在领导身边工作时,要时时刻刻关注周围动向以及领导的态度,综合分析具体情况,准确判断领导说的每句话背后的含义。

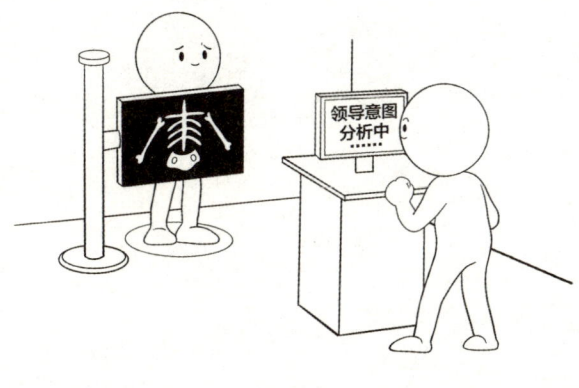

领导讲话，多听"但是"

很多领导都有"欲抑先扬"的讲话习惯，开会的时候，讲话的模式大多是这样的：

"小胡这季度工作很积极，但是营业额没提高。"

"第二组的项目做得很好，但是延期得很严重。"

"吴主任工作落实得很圆满，但是方式、方法有些问题。"

遇到这种情况，一定要多留意领导后半句的"但是"，因为领导的弦外之音全在这里。

第7章 语言艺术为职场赋能

不用说话的沟通是最高级的沟通

无论是生活中，还是职场中，93%的沟通都是通过非语言沟通的方式进行的。

在介绍非语言沟通之前，我们有必要先了解一下什么叫沟通！

从心理学角度来看，沟通是个体与个体，或个体与群体之间思想感情的传递和反馈的过程，目的就是达成一致意见。为此，美国心理学家、传播学家艾伯特·梅拉比安曾提出如下沟通模型公式：

沟通时信息的全部表达 = 7% 语言内容 + 38% 语调 + 55% 肢体语言

在这个公式中，语调和肢体语言称作非语言沟通。从公式中不难看出，在实际交往过程中，信息沟通中语言内容只占7%。

非语言沟通

案例模拟 1

快下班了,你向上司汇报工作,他不停地看手表,因为他爱人刚打电话,让他在回家的路上买块豆腐,他怕去晚了买不到。由于这种事没法说出来,他只好通过肢体动作来提示你。

案例模拟 2

中午在食堂吃饭,你向同事抱怨你的上司。同事本来对此不太感兴趣,但又不好意思不听,于是一直玩儿手机,时不时地强挤出一个笑脸,或者点一下头。

通过以上案例不难发现,在职场中,很多事情是不方便直接说出来的,只能通过表情、动作来暗示对方。尤其是在和领导相处时,读懂领导的"非语言"信息是很重要的。

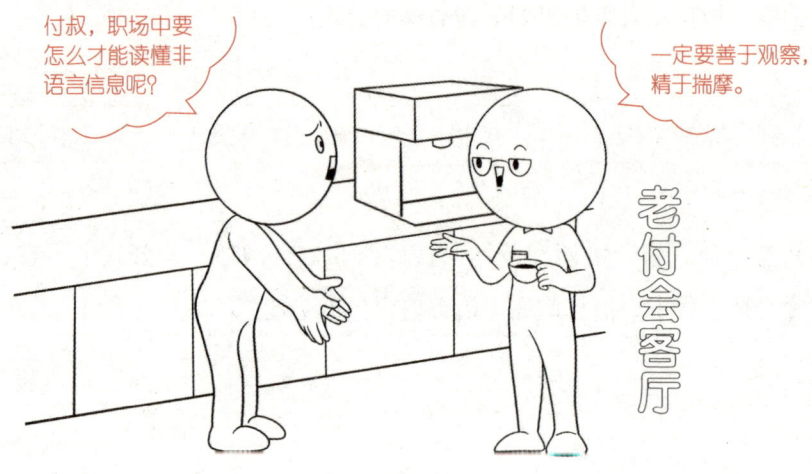

观察对方的眼神和目光

俗话说,眼睛是心灵的窗户。一个人心里想什么,往往可以通过他的眼神看出来。

某推销学家做过一次实验:让两个互不相识的女大学生共同讨论问题。实验前,推销学家对其中一个说,她的交谈对象是个研究生;而对另一个说,她的交谈对象是个高考多次落榜的中学生。

语言艺术为职场赋能 第7章

自以为学历高的女学生，在交谈过程中，充满自信地凝视对方，每次讲话都手舞足蹈，很明显掌控了局面。

VS

自以为学历低的女学生说话时很少注视对方，眼神经常躲闪，谈话过程中处于被动局面。

实验表明，一个人的心理状态很容易从眼神中表露出来。所以，我们可以通过观察对方的眼神获取"非语言"信息。

人靠衣裳马靠鞍

在职场中，个人形象非常重要。一个人的穿着往往和他当天的心情有很大关联。尤其是在商务谈判过程中，越是高档、得体的西服，似乎越能传达出某种自信和气势。

日常在公司，可以通过穿衣风格来判断上司当时的心情，然后根据他的心情有选择地汇报消息。

身体姿势

一个人的肢体动作，也能够表现出他的精神状态。在职场中，它是除语言内容和语调之外，使用频率最高的非语言沟通方式。

站、坐、卧、走，每一个动作都有其独特的含义。

在和别人用语言沟通时，对方突然的一抬手或一低头，或许都反映了丰富的心理活动。比如，在聊天过程中，对方忽然把头转向了别处，说明对方或许潜意识里不想继续聊。再如，在聊天时，对方总是整理头发或者衬衫，或许表示他已经不耐烦了。

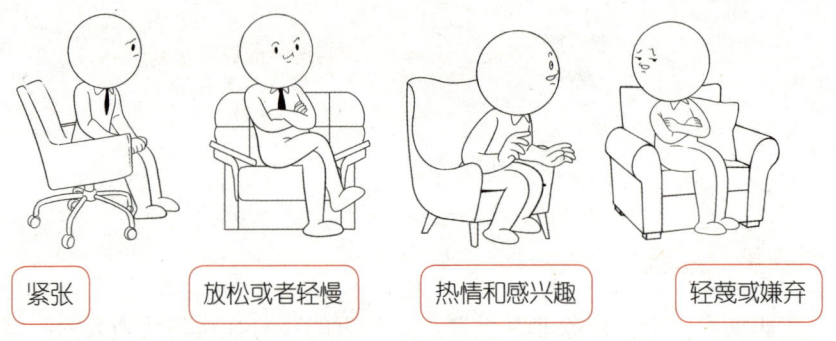

紧张　　放松或者轻慢　　热情和感兴趣　　轻蔑或嫌弃

因此，在职场沟通时，一方面要留意他人的动作，另一方面也要小心自己的小动作暴露你潜意识里的想法。

表情

表情，顾名思义，就是表现在面部或姿态上的思想感情。的确，一个人的喜怒哀乐，都可以通过脸上的肌肉变化显现出来，因此，表情是除语言外，常用来揣摩一个人心理的途径。

愤怒　　开心　　恐惧　　悲伤

总是，无论使用什么方式，在和同事或领导沟通时，一定要多多留意他们的"非语言"信息，这样才能更精准地领会他们的真实意图，甚至话语中的弦外之音。

在领导面前到底该不该说真话？

职场中有些员工性格比较直，爱向领导提意见，使领导头疼不已。那么是否意味着职场中完全不能说真话呢？答案是否定的。真话当然要说，但是要注意场合。

初入职场的新员工，或者性子耿直的老员工，都会遇到一个问题：能否在领导面前说真话？

有格局的领导其实是喜欢员工说真话的。因为工作中的大多问题就明摆在那里，员工说与不说，那些问题都存在。

员工只有说真话，把意见提出来，领导才能知道得更清楚、明白，从而采取改进、补救措施，避免造成更严重的后果。

花田相当于公司的项目，而地雷就是隐藏的问题。员工要是把雷都埋进土里，再在上面种上花，看着挺好的，但危险重重。员工觉得隐瞒不说，领导就不知道，但最终雷炸了，对领导和员工都没好处。

所以，对于员工来说，讲真话是必要的。而对于真正英明的领导来说，能听真话、爱听真话，才能让公司和部门良性发展。

忠言逆耳利于行

那么，在领导面前到底该怎么说真话呢？

需要注意的是，说真话要注意场合。

语言艺术为职场赋能 第7章

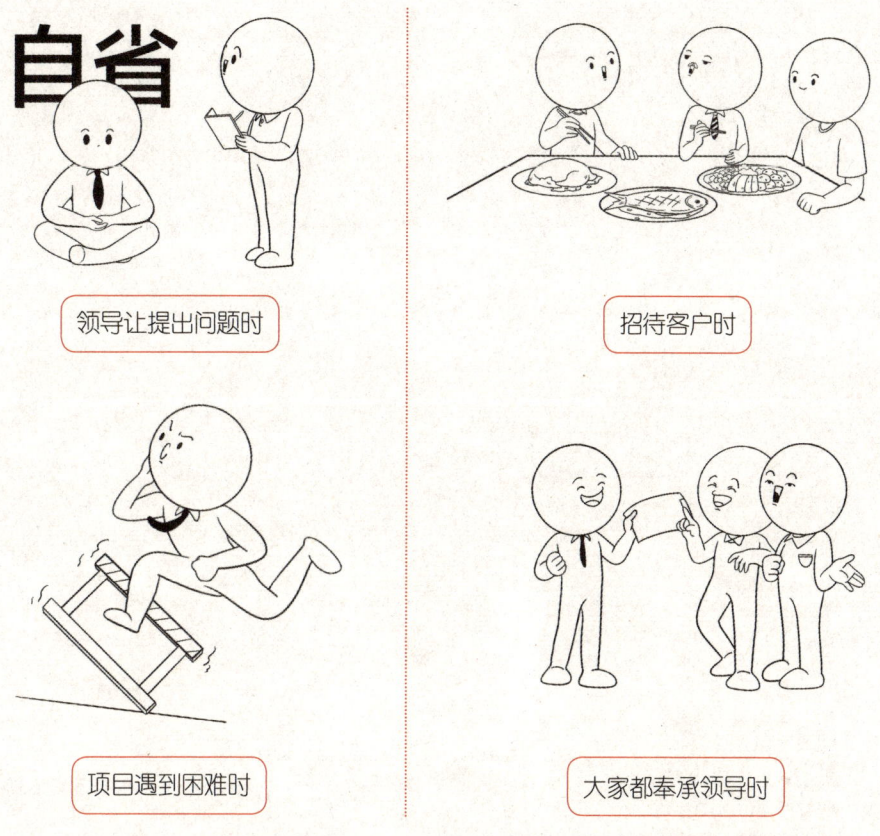

员工说真话没错，但不要不分场合地乱说话。领导不是圣人，也爱面子，因此向领导提意见、讲真话时应该考虑场合，不要为了炫耀自己的本事而在公众场合对领导大放厥词。

第 **8** 章
职场晋升五步法

在职场中一鸣惊人,脱颖而出,从此走上人生巅峰,是很多人梦寐以求的事情。要想实现这个目标,从进入职场的那一刻起,就要谨慎处理五种晋升情形。

为什么说细节决定成败？

面试新单位的时候,职业的穿着、流利的回答、丰富的经验固然重要,但细节也不容忽视,很多时候,一些不起眼的细节决定了一场面试的成败。

很多人都看到或者听到过这样一个故事:两个能力相当的职场新人同时去一家公司面试,结果却完全不同。

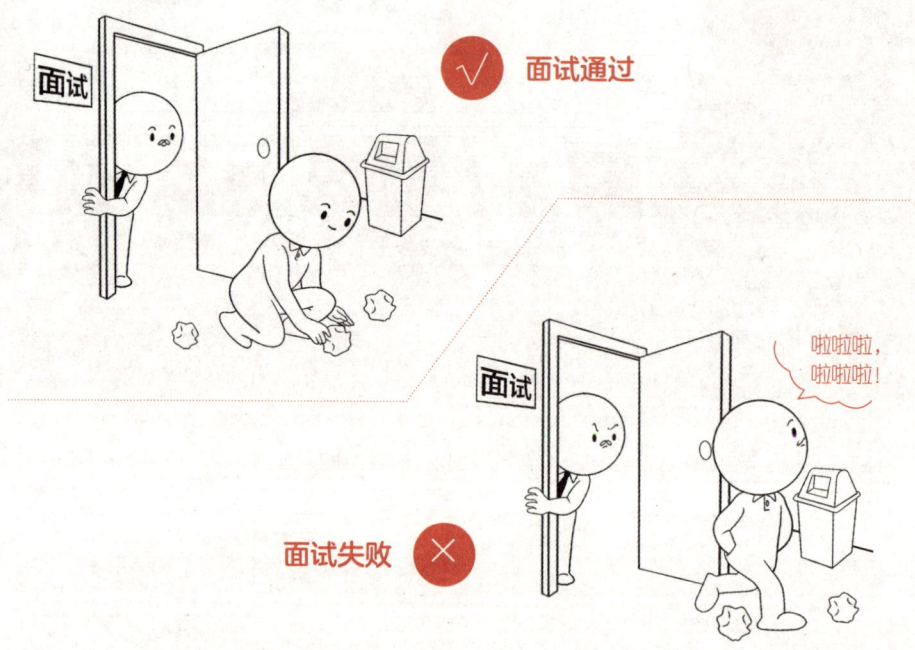

当然,实际面试中考核是多方面的,用人单位不会通过一个简单的小测试就确定是否聘用面试者。但现实中,因一个简单的行为而决定面试成败的事情是真实存在的。

案例模拟

有一次,老付应邀在一场面试中做评委。面试地点在公司大会议室,那天人比较多,老付接到通知的时间比较晚,所以就赶紧搬桌子与椅子布置面试会场。

当时有十几个应聘的年轻人已经到达现场,有的在楼道等着,有的在看书,有的在聊天。

老付搬桌子和椅子往里走的时候,一些年轻人很懂事,主动上前帮忙。他们有的帮忙扶着门,有的帮着搬桌子、搬椅子、摆凳子。

旁边有个小伙子长得特别帅,一米八的个子,一表人才却不来帮忙,从头到尾一直戴着耳机听音乐。

面试过程中,这个小伙子的所有问题答得都还不错,似乎已经胜券在握,但结果出乎所有人的预料。

通过老付的亲身经历不难看出,面试时,除学历、经验、业务能力之外,其他一些看似不起眼的细节也可能会影响最终的结果。

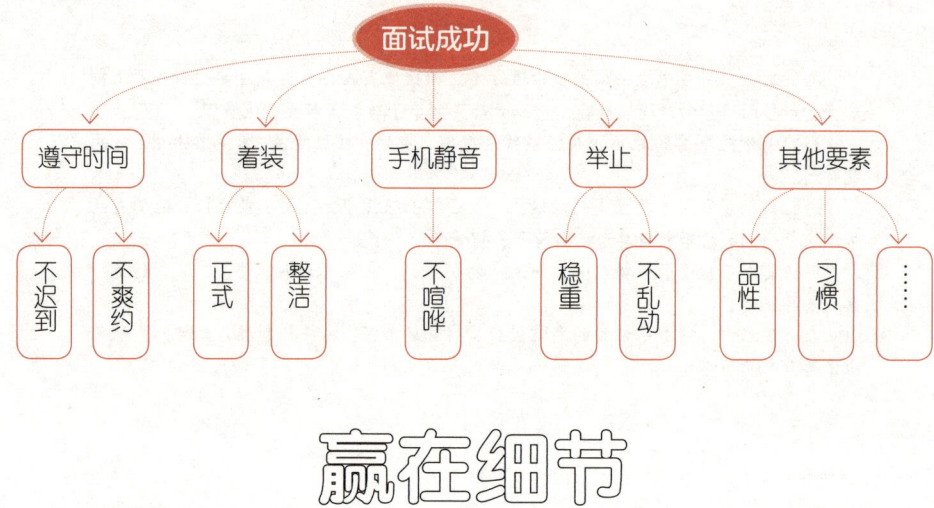

赢在细节

在职场中,短则几十分钟,长则数小时的面试不一定能完全反映面试者的真实情况。但是面试时的某些未被包装的细节好坏,往往都被用人单位看在眼里,最终决定面试的成败。

作为职场人,在面试新单位的时候,你应该准备充分,即使一个小小的细节也不要忽视,否则会让你失去好的工作机会。因此,在日常生活中,需要认真对待每个小细节,这样在职场中将更加无往而不利。

如何才能争取到最适合自己的工作岗位？

职场最理想的状态就是，干着喜欢的工作，拿着不错的薪资。可是，大部分人对于如何获得适合自己的岗位没有任何头绪。假如机会来到，你该如何行动呢？

职场给人带来的价值，无非是金钱和尊重。初入职场的年轻朋友，都希望找一份好的工作，发挥特长，实现抱负。可是有几个人能做到这一点呢？

案例模拟

老付从部队退伍以后，被分配到银行做柜员。不过他不喜欢这个岗位，因为他从小数学就不好，在会计岗位很不适应，对于师父教的一些记账知识，他也记不住。老付觉得自己适合写文章、跑腿、做宣传、组织之类的工作。

于是，年轻时期的老付就开始悄悄地写一些稿子，后来陆陆续续发表在报刊上，并且在署名前加上单位的名称，希望引起领导的注意。果然，领导发现了老付的文章并亲自和他谈话，询问他的写作情况。

小付啊，文章写得这么好，不如去机关吧，更能发挥你的特长嘛！

谢谢领导认可，我一定好好努力，把咱银行的宣传工作搞好。

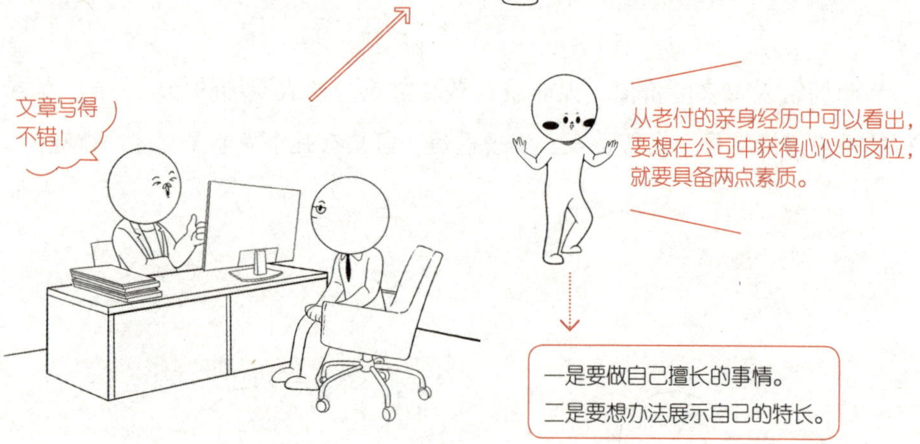

文章写得不错！

从老付的亲身经历中可以看出，要想在公司中获得心仪的岗位，就要具备两点素质。

一是要做自己擅长的事情。
二是要想办法展示自己的特长。

做自己擅长的事，很好理解。每个岗位都有特定的职能，你的能力适合哪个岗位，你就选哪个岗位。

假如一开始的工作并非自己喜欢的，你要在自己擅长的方面多加展示，让领导看到你的闪光点，这样你才能顺理成章地调换岗位。

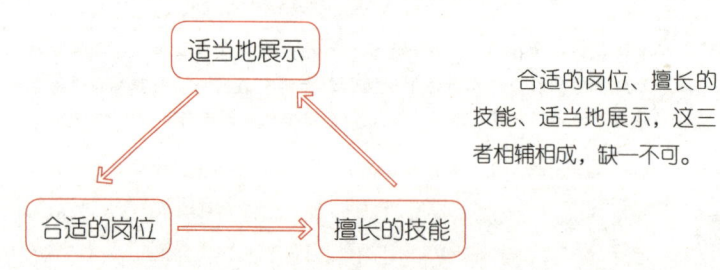

合适的岗位、擅长的技能、适当地展示，这三者相辅相成，缺一不可。

当然，要想做到以上两点，前提是当前的工作尽量不出差错。假如你连当前的工作都做不好，那么即使你在其他方面再出色，领导也会觉得你的工作态度有问题，不会同意你调换岗位。

职场"充电"是每个职场人士都应该具备的能力。没有什么技能是永远不过时的，尤其是在当下的社会中，科技瞬息万变，产业调整迅速，只有抓住时机，不断强大自己，才能迎来升职加薪的机会。

你的形象就是你的筹码

> 职业形象一般包括职场中的穿着、举止、谈吐、情商等多方面。一个人的职业形象不仅关系公司的发展,更关系个人的前途。

随着职场年轻化,很多初入职场的年轻人觉得自己只要在工作上负责就行了,还要管什么职业形象?

职场新人如果工作做得好,职业形象也得体,那当然是最好的。如果你仅仅是工作做得好,职业形象不佳,有时候也会很吃亏。

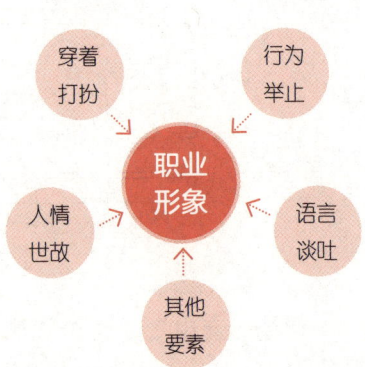

案例模拟

多年前,老付在人事处当处长时,考察了某支行的一个小伙子,认为他工作能力很不错,便写了考察报告给上级,准备提拔他。

由于单位规模比较大,一把手不认识这个小伙子。会上,领导听了大家的介绍也觉得这个人能力很强,于是让人把照片给他看看。

这个人啊,我在楼道见过,他邋里邋遢的,影响我们单位形象。

结果,仅仅因为那个小伙子不注意职业形象,明明他很有能力,但是把自己的前程给耽误了。事后,老付单独找到他,并严肃批评了他。后来他开始注意职业形象,长头发理顺了,着装也得体了,形象大为改观。一年后,他顺利被提拔。

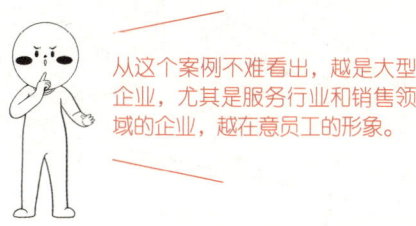

从这个案例不难看出,越是大型企业,尤其是服务行业和销售领域的企业,越在意员工的形象。

职业形象之所以如此重要,是因为在职场中,它会影响人们对一个人的初始印象。

专业的销售人员、前台客服、商务谈判人员等,都要求穿正装,这不仅是对客户的尊重,也是对公司面貌的展示。毕竟,对于陌生客户来说,一个干净、专业的形象让人看着十分舒服,当然也会乐于选择这样的人来为自己服务。

人都是视觉动物,在职场这个利益交杂的地方更是如此。一个外表干净、整洁,衣着得体的人,往往会得到同事和领导的青睐,在团队合作时大家会优先选择与这样的人共事。

如果你职业形象差,大家都不太愿意和你交流,那么久而久之,你就会被孤立。在职场中,人脉关系有时候比金钱还重要。比如,工作中遇到了困难,如果你和同事关系好,他就乐于帮助你;若关系一般,对方可能就不会尽心尽力。另外,对于销售行业来说,产品的销售往往是依赖人际交往达成的。所以,注重个人职业形象,就是在为自己的职场增光。

怎样提高自己的"眼力见儿"?

在职场上,领导和老员工都喜欢有眼力见儿的新员工,一般情况下,有眼力见儿的员工进步都会比较快。那么眼力见儿应该怎么培养呢?

职场中有眼力见儿的员工更容易受到领导的赏识,进步也会比较快。眼力见儿并非指对领导溜须拍马,而是"知领导之所需,助领导之所急"。

很多人都觉得自己天生就不是有眼力见儿的人，其实眼力见儿是可以靠后天习得的。

乐于助人的心

要想成为一个有眼力见儿的人，最重要的一点，就是需要有一颗乐于帮助别人的心。

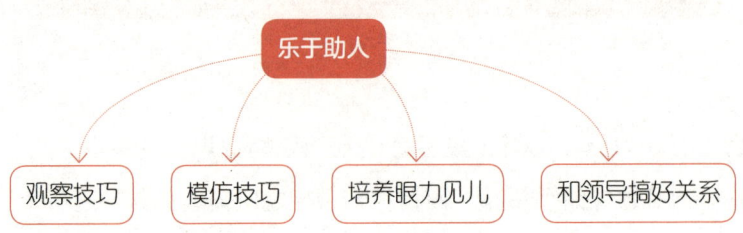

很多谈职场技巧的书中的方法或许有用，却不是最重要的。如果你没有愿意主动帮助他人的心，那么艰难培养出真正的眼力见儿。

案例模拟

在老付还是一个新兵的时候，有些新兵会争着每天打扫卫生，早晨提前起床为战友打洗脸水。老付对此不屑一顾，但后来这些战友进步都挺快。

老付有点想不明白，认为扫地、搞卫生这种小事算什么啊？结果班长当时跟老付说了一句话，老付铭记至今。

这句话其实和"一屋不扫,何以扫天下"是一个道理,都表明任何事情都是由小及大地发展的。

熟悉业务

所谓眼力见儿,就是在他人最需要帮助的时候,你及时伸出援手。但是,他人最需要什么呢?他人什么时候需要呢?如果你不熟悉公司的业务,那么你就是想帮忙也插不上手,或者有可能帮倒忙。

案例模拟

老付小时候见父亲在修自行车,蹲在旁边很想帮忙。但是因为对修自行车的方法和过程不熟悉,想帮忙也插不上手,最后还被父亲训了一顿。

后来老付用心观察,熟悉了父亲修自行车的方法和过程。父亲干活时刚一伸手,老付就能把他需要的扳手、钳子、螺丝刀递到他手上。

熟悉业务非常重要,仔细观察部门里的老员工正在做什么,下一步要做什么,需要什么物件,需要什么帮助等。你多留意这些,并且在别人有需要时及时出手帮忙,你的眼力见儿就培养出来了。

及时助人

仅仅有帮助他人的心,也知道他人需要什么,但如果及时性跟不上,就不会取得良好效果。

能否及时提供帮助,对结果影响很大。如果帮忙不及时,那么很可能本来是个表现自己眼力见儿的机会,结果却变成了一个失误,不但不能让领导和老员工另眼相看,反倒会被误会。

提高眼力见儿的级别

眼力见儿包括一般性眼力见儿和高级别眼力见儿。

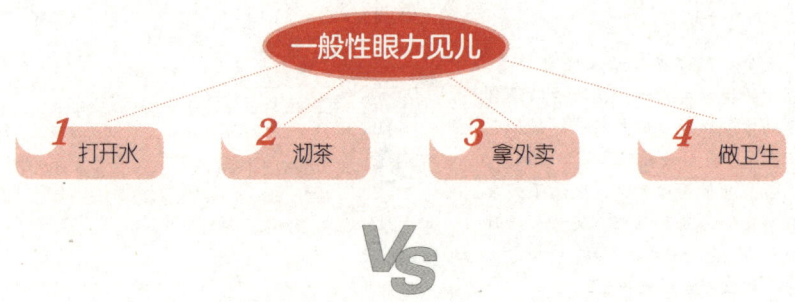

> **案例模拟**
>
> 　　三国时期的诸葛亮,是刘备最看重的谋臣。某段时间刘备吃不下饭、睡不好觉,身边的人都不知是什么原因。
> 　　但是,诸葛亮尚未询问对方,就知道刘备在为什么事情发愁,并及时献上了锦囊妙计。

像诸葛亮这样，能及时帮助领导解决眼前的麻烦，这才是高级别的眼力见儿。

职场中需要多学习、多积累、多观察与思考，抱着乐于助人的心态，在熟悉业务的基础上，及时发现领导和同事的需求，出手帮他们解决难题。

通过多次的练习，你的眼力见儿就培养出来了，并且能力和职位也会稳步提升。

有些规则不必坚持，该变通时就变通

> 每个人在职场中可能都被领导教育过。但在实际工作中却不能盲从，应灵活处理，有些规则要坚持，有些则不必。

职场的环境是复杂多变的，尤其是大家发生利益冲突时。要想在这种环境中立于不败之地，一些必要的规则一定要坚守。

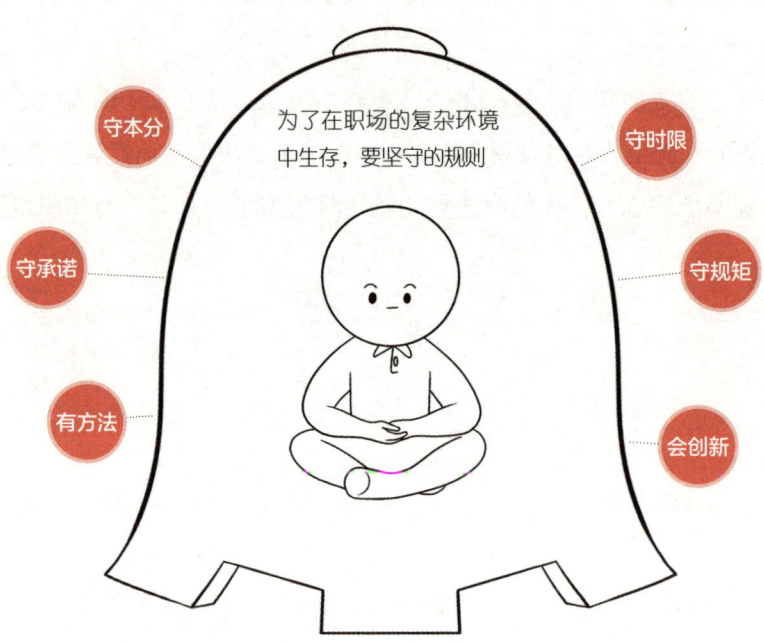

但是，有的时候过分拘泥于规则未必是好事，尤其是当一些自我设定的规则和现实发生冲突时，是没有必要坚守的。

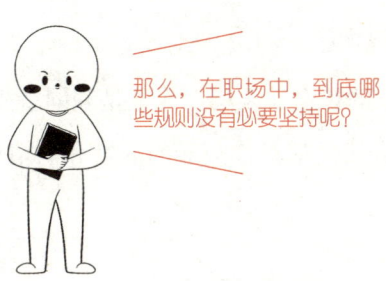

对个人的盲从规则

这里的盲从,不单纯是对领导的服从,还包括对同事的信任。基于个人的信誉而做出的盲从,其实是很危险的。

对个人的盲从规则是不可取的,毕竟最应该服从的是公司的发展,这才是规则的底线。假如领导的决断和公司的发展之间发生冲突,那就没必要坚持下去了。

与市场冲突的规则

对于公司发展来讲,市场的需要是最重要的。对于每一个员工来讲,违背市场的规则,就没必要再坚持了。

破坏人际关系的规则

职场也是一张复杂的社会关系网,无论是和同事相处,还是和客户往来,首先考虑的就是人情世故。如果你坚守的规则和人情世故相背离,那就要果断舍弃。

总之,我们要想在职场中干出一番事业,就需要不断学习和进取,并且要活学活用。没有什么事情是一成不变的。所以,只有勤于思考,随机应变,才能立于不败之地。